kailash

Percy Shakti Johannsen
mit Shirley Michaela Seul

YOGA UNLIMITED

Feiere dein Leben
immer und überall

kailash

Dieses Buch ist auch als E-Book erhältlich.

Verlagsgruppe Random House FSC® N001967

1. Auflage
Originalausgabe
© 2016 Kailash Verlag, München
in der Verlagsgruppe Random House GmbH,
Neumarkter Str. 28, 81673 München
Lektorat: Ulrike Strerath-Bolz
Umschlaggestaltung: Daniela Hofner,
ki 36 Editorial Design, München
Umschlagmotiv: Willy Generotzky
Fotos im Innenteil: Stefan Eisend
Satz: Buch-Werkstatt GmbH, Bad Aibling
Druck: Těšínská tiskárna, a.s., Český Těšín
Printed in Germany
ISBN 978-3-424-63119-7

www.kailash-verlag.de

Für Zara

INHALT

~~~~~~~~~

OIS IS YOGA

Atmen Sie?

Bestimmt, denn Sie lesen. Und sind also am Leben. Wer atmet, lebt. Auch wenn er oder sie das zuweilen vergisst. Atmen ist wie der Herzschlag, da denk ich doch nicht drüber nach. Stimmt. Aber jeder Atemzug ist ein Lebenszeichen und birgt die Möglichkeit, dieses Lebendigsein intensiv zu spüren. Indem Sie atmen, machen Sie Yoga, denn wer atmet, kann auch Yoga praktizieren. Und weil Sie Yoga machen, sind wir jetzt per Du.

Yoga findet nicht nur auf der Matte statt. Yoga geschieht im alltäglichen Leben immer und überall, bewusst oder unbewusst. In Bayern heißt das: Ois is Yoga. Yoga ist ein Weg, der uns zu einem Leben führt, das wir als leichter und reicher empfinden. Yoga macht uns die Schönheit der Natur bewusst, die wir manchmal vergessen. Aber zum Glück gibt es den Little Guru, der uns immer wieder daran erinnert: *Sat-Chit-Ananda.* Das Seiende, das

Bewusstsein, die Glückseligkeit – so Brahma, der Schöpfergeist, im Vedanta, einem jahrtausendealten philosophischen System des Hinduismus.

Jedem Wesen wohnt ein Little Guru inne. Manche kennen ihn schon als innere Stimme. Andere verkennen ihn, weil sie ihn mit ihrem Ego verwechseln. Manchmal ist es gar nicht so einfach, ihn zu hören, wahrzunehmen im lauten, hektischen, ganz normalen Wahnsinn des modernen Lebens. Die Botschaften des Little Guru sind meist sehr subtil. Er ist zu Hause in der Stille, seine Stimme ist die des Herzens. Die Stimme der Liebe. Eine Möglichkeit, uns mit dem Little Guru zu verbinden, besteht darin, bewusst zu atmen. Das ist ähnlich einfach, wie eine SMS zu schicken. Und es wirkt auch so. Atme ein und atme aus, und du bist connected. Nichts kann dir geschehen, alles ist gut, wenn dein Little Guru bei dir ist. Und er ist ja immer da – wenn du es zulässt. Wenn du dir bewusst machst, dass und wie du atmest.

Da hat jemand gleich ein Rendezvous und ist so verkrampft, dass er nur noch flach atmet. Man sieht es schon an seinem Gesicht, dass hier die Sauerstoffversorgung zu wünschen übrig lässt. Ein anderer sitzt in seinem Büro und hat so viel zu tun, dass er vor lauter Arbeit keine Zeit zum Luftschöpfen hat. Eine andere fühlt sich zu dick und zieht den Bauch ein. Atem-Killer lauern überall.

Egal, worum es geht. Egal, was ist: Lass deinen Atem fließen. Der Atem macht dich leicht und frei. Er entspannt dein Gesicht, schenkt dir Lebensfreude und Gelassenheit. Atmen kostet dich keine Zeit, es schenkt dir Zeit: Lebenszeit.

Schön, dass du einen kleinen Teil davon mit mir verbringst. Ich begrüße dich: Namasté. Auf den folgenden Seiten werden wir Zeile für Zeile zusammen atmen. Mit allen anderen Menschen und Geschöpfen auf der Erde. Alle atmen, mit allen teilen wir die Luft. Manchmal entsteht daraus Liebe – wie willst du lieben, ohne zu atmen? Es geschieht, ohne dass wir uns darüber Gedanken machen. Man muss nichts dafür können. Man ist einfach da und atmet. Und das ist ein Wunder.

Dass du da bist.

So wie du bist.

Du bist etwas ganz Besonderes, so wie jeder andere Mensch auch.

Wie bei jedem anderen Menschen hat dein Leben mit einem Ein-atmen begonnen. Deine Lunge hat sich zum ersten Mal mit Luft gefüllt. Eines Tages wird unser Leben enden mit einem Ausatmen. Unsere Lunge wird zum letzten Mal Luft freigeben. Bis dahin liegt noch eine unbestimmte Zahl von Atemzügen vor uns. Die wir auch mal bewusst wahr-nehmen können, weil sie uns unsere Vitalität deutlich spü-ren lässt. Ich atme. Ich bin da. Ein Baby schreit meist bei sei-nem ersten Atemzug, und wenn es Glück hat, wird sein Ruf gehört – jemand wendet sich ihm liebevoll zu und küm-mert sich. Allein ist der kleine Mensch nicht lebensfähig. Und auch der große nicht. Wir brau-chen andere Wesen, um zu tei-len – nicht nur die Luft. Wir wollen uns mitteilen, austau-schen, uns verbinden. Indem wir atmen, sind wir miteinan-der verbunden. Denn alle atmen,

ein und aus, dieselbe Luft. Und die Bäume machen sie sauber. Ja, auch Bäume atmen. Sie nehmen Kohlendioxid auf, geben Sauerstoff ab, feuchten die Luft an und filtern sie von Schadstoffen. Und wenn du ganz genau hinsiehst, erkennst du, wie der Baum atmet. Alles ist im Fluss. Alles lebt. Und der Atem verbindet alles mit allem.

Auch ich habe nach meiner Geburt tief eingeatmet und dann geschrien. Doch mein Schrei verhallte ungehört, denn meine Mutter entschloss sich, ihren Lebensweg ohne das Baby mit den vielen schwarzen Haaren auf dem Kopf und der dunklen Hautfarbe zu beschreiten. Ich kam in ein Waisenhaus und atmete weiter – sonst würde es dieses Buch nicht geben. Manchmal muss man weiteratmen, auch wenn es einem die Luft abschnürt. Oder besser gesagt: gerade dann. Wobei ich davon ausgehe, dass ein Säugling sich über solche Themen keine Gedanken macht. Er atmet einfach. Nach einem halben Jahr im Waisenhaus wurde ich adoptiert. Erst viel später fiel mir selbst auf, dass ich anders war als die anderen. Ich hatte mich schon öfter gewundert, wenn ich mit Freunden zusammen spielte und die Erwachsenen ständig zu mir schauten:

Mei, is der Bua süß.

So was Niedliches.

Was für ein hübscher Junge.

Und dabei fummelten sie an meinem Kopf herum und wuschelten mein dichtes lockiges Haar.

Eines Tages schaute ich zum ersten Mal bewusst in einen Spiegel und erkannte mich. Und natürlich auch, dass meine Haut dunkler war als die der Menschen um mich herum. Deshalb war mir früh bewusst, dass ich adoptiert war. Das ließ sich ja nicht verheimlichen bei meiner hellhäutigen Familie.

Wo komme ich her, fragte ich mich. Eine Frage, die sich mir später noch in ganz anderer Dimension stellen sollte.

Wir haben dich lieb, sagten meine Eltern.

Ich begann, mein Gesicht in den Händen zu verstecken, wenn andere, oft fremde Menschen mich betatschten. So als wäre ich gar nicht da. Ich zog mich in mich zurück und atmete, daran erinnere ich mich genau. Der Atem war eine Insel und Heimat.

Woher komme ich?

Aus dem Atem.

Wohin gehe ich?

In den Atem.

DIE MELODIE DES ATEMS

In meiner Kindheit war es mir unangenehm, als etwas Besonderes wahrgenommen zu werden. Ich konnte ja nichts für meine Hautfarbe. Am liebsten wäre ich nicht aufgefallen. Was aber nicht möglich war in einem bayerischen Dorf. Als ich älter wurde, zog man mich zur Verantwortung für mein Aussehen. Das Wort *Neger* gehörte dabei noch zu den freundlichen Kosenamen. Ich erinnere mich gut an einen Schulkameraden, der zwar klein und schmächtig, wegen seiner starken Brüder aber überall gefürchtet war. Als er und seine Brüder mich wieder einmal schikanierten, weil ich ein »Nigger ohne Rechte« wäre, trat ich ruhig auf ihn zu und sagte: »Morgen auf dem Schulhof werden deine Brüder nicht bei dir sein.«

Von diesem Moment an ließ er mich in Ruhe. Ich habe oft darüber nachgedacht, warum es so einfach war. Heute weiß ich: weil ich geatmet habe. Und ich habe eine SMS an meinen Little Guru geschickt. Okay, damals gab es noch keine Handys. Aber Little Gurus schon. Die gibt es, seit es uns Menschen gibt.

Wer bewusst atmet, ist voll in seiner Kraft, schneidet sich nicht ab von seinen Ressourcen, hat alles zur Verfügung und ist im Fluss – und erscheint dadurch oft stark und authentisch. So sehr, dass die Brüder oder andere Widerstände es vorziehen, zu Hause zu bleiben oder einen Bogen um uns zu machen. Was aber natürlich weniger das Ziel ist. Denn manchmal müssen die Brüder ausrücken. Was wissen wir schon von den höheren Absichten. Wir können sie nur annehmen im Vertrauen, dass alles seine Richtigkeit hat, auch wenn wir sie nicht erkennen. Noch nicht. Und es gibt so vieles, was wir Menschen nicht verstehen können. Noch nicht. Es liegt an uns, dies zu akzeptieren.

Wegen meiner Hautfarbe habe ich mich in meiner Pubertät auch mit der Geschichte der Sklaverei in Amerika beschäftigt. Es beeindruckte mich tief, wie die grausam behandelten, gefolterten Menschen, denen das Menschsein abgesprochen worden war, trotzdem überlebten. Eine ihrer Überlebensstrategien war das Singen. Gesang ist melodisches Atmen. In ihren Texten machten sich viele versklavte Menschen frei von ihrem Leid. Der Atem führte sie in die innere Freiheit. Dorthin, wo sie unverletzlich waren. Diese innere Freiheit erfahren wir auch beim Mantra-Singen. Ein Mantra ist eine heilige Silbe, ein heiliges Wort oder heiliger Vers (Sanskrit: magische Formel, Spruch, Lied, Hymne). Mantras werden sprechend, flüsternd, singend oder in Gedanken rezitiert.

Es ist auch während der Yogapraxis empfehlenswert, gerade bei schwierigen Stellungen ein Mantra zu singen. Doch wer traut sich das schon. Nun, man kann auch unhörbar chanten: So bezeichnet man das Singen von meist einfachen, oft religiösen Liedern oder

eben Mantras als spirituelle Praxis. Oftmals halten Yogaschülerinnen und -schüler, die ich im Folgenden Yoginis und Yogis nennen werde, bei Stellungen, die sie anstrengen, die Luft an. Mit dem Resultat, dass es eben nicht einfacher wird. Luft anhalten, wenn es unbewusst geschieht, vereinfacht nie etwas. Im Gegenteil: Es blockiert unsere Kraft. Aber das passiert nun mal, wenn man sich auf die Oberfläche konzentriert, anstatt sich tiefer zu wagen, wo sich häufig die Lösung befindet. Man konzentriert sich auf die technische Ausführung einer Stellung anstatt auf die Herausforderung, im Atem zu bleiben. Oder auch einfach da zu verharren, wo der Atem fließt. Fast alle Yogastellungen enden im Sanskrit mit dem Wort *Asana,* und das bedeutet so viel wie *bequem.* Man solle die Stellung so einnehmen, dass sie als bequem empfunden wird – und so lange praktizieren, also üben, bis sie auch in einer fortgeschrittenen Form so wahrgenommen wird. Der Begründer des modernen Yoga, Patanjali, schreibt in der Yoga-Sutra 2.46 sthira-sukham-asanam: »Die Stellung sollte stabil, kraftvoll und angenehm sein.«
Das Gleiche gilt für unser Leben jenseits der Yogamatte. Egal, was im Leben geschieht: Bleib im Atemfluss, damit du deine volle Energie zur Verfügung hast. Wenn du tief und ruhig atmest, kann dich nichts aus dem Gleichgewicht bringen. Und mich auch nicht.
Seit einiger Zeit organisiere ich ein Yogafestival in Herrsching am Ammersee. Im letzten Jahr erfuhr ich eines Vormittags zwei Wochen vor dem Festival vom Bürgermeister höchstpersönlich, dass der mir zugesagte Veranstaltungsort aus politischen Gründen nicht zur Verfügung stehen könne. Die Vorbereitungen für das Namasté-Yogafestival liefen seit zehn Monaten.

Mehrere Hundert Teilnehmer hatten sich angesagt, es gab Sponsoren, Aussteller, Catering, viele freiwillige Helfer – aber nun leider keinen Raum mehr. Da kann einem schon mal die Luft wegbleiben.

Und genau das passierte mir in diesem Moment. Meine Kehle wurde eng, es schnürte mir den Hals zu, auf meiner Brust lastete ein schwerer Druck, mein Bauch verkrampfte. Atmen? Wie denn? Stress pur! Dies war eine kleine Katastrophe in meiner heilen Yogi-Welt.

Eine Methode ist nur gut, wenn sie sich in Krisen bewährt. Pläne am Reißbrett sind das eine, Yoga auf der Matte ist das andere. Aber wie sieht es im Alltag aus? Ich setzte mich aufrecht auf einen Stuhl und atmete einige Male tief durch. Wie, das beschreibe ich am Ende dieses Kapitels. Das Atmen brachte mich zur Ruhe. Im breiten Atemfluss spürte ich, dass ich jetzt nicht zum Computer stürzen würde, um den Mailverkehr zu überprüfen. Wer hat wann was zugesagt, wen kann ich beschuldigen, verklagen, zur Rechenschaft ziehen? Ich atmete weiter. Tief und vollständig. Und als ich dann aufstand, war meine Brust wieder weich, meine Kehle weit. Der Atem hatte die Situation bereinigt. Irgendwie würde es weitergehen. Irgendwie geht es doch immer weiter, oder? Und meist merkt man später, dass es gut war, so wie es war. Wenn nicht sogar am besten.

Aber wie erfährt man das? Auf einem beschwerlichen Weg voller Dornen und Mühsal? Oder geht man sanft, getragen von Atem,

darüber hinweg? Denn der Weg ist doch gar nicht dornenvoll. Und
wo Dornen sind, gibt es häufig Brombeeren und Himbeeren. Dun-
kelblau und hellrot leuchten sie hervor. Manchmal rufen sie einen
sogar an.

»Ich habe gehört, Sie suchen einen Veranstaltungsort am Ammersee?«, meldete sich zwei Tage später jemand telefonisch bei mir.

»Ja«, sagte ich. Dabei hatte ich noch gar nicht gesucht. Ich hatte
eigentlich nur … geatmet. Und vertraut. Im Atem wächst das Vertrauen. Und wenn du vertraust, wirst du ernten. Oder auch nicht.
Auch darauf kannst du vertrauen. Später wird alles gut. Nämlich
im Jetzt. Im Jetzt säst du für später. Heute schreibst du deine Lieder
für morgen. Wie klingen sie? Ich glaube: am schönsten, wenn du gar
nicht an Morgen denkst und voll und ganz im Jetzt bist.

Erst mal tief durchatmen. Ruhig atmen und bis zehn zählen. Diese guten Ratschläge kennen wir auch in unseren Breiten. Nicht
alles, was spirituell und rein und wahr ist, stammt aus Indien.
Wie auch, Menschen sind wir doch alle, egal, wo wir auf die Welt
kommen. Wir alle beginnen unser Leben mit dem Atmen – und
vergessen dann irgendwann die Bedeutung des Atmens, gerade in
Stresssituationen. Dabei ist es hier am allerwichtigsten, denn es
schafft Erleichterung. Der Weg des Yoga will es dir leicht machen,
auch wenn viele Yogastellungen eher das Gegenteil vermuten lassen. Lass dich nicht beeindrucken oder abschrecken von Cracks,
die auf einem Mittelfinger balancierend ihre Beine verknoten. Du
bist einzigartig und besonders, und es kommt nicht darauf an, wie
eine Yogastellung bei dir aussieht. Sondern wie sie sich anfühlt.
Für dich. Jetzt in diesem Augenblick. Und wie du dabei atmest. Vor
allem, wie du dabei atmest.

Im bewussten Atmen kehren wir zu uns zurück, verbinden uns
mit dem Little Guru. Dies bewahrt uns vor Fehlern oder Entscheidungen, die wir später vielleicht bereuen. Das bewusste Atmen

erinnert uns an die Wahrheit und daran, dass die Dinge morgen schon ganz anders aussehen können als heute, ja, dass wir selbst sie morgen auch anders bewerten können. Vor allem aber erinnert es uns daran, dass es nichts zu bewerten gibt. Dinge kommen, Dinge gehen, der Atem bleibt. Konstant und tief. Mit allem und allen verbunden. Ich atme, weil ich lebe – ich lebe, weil ich atme.

VERSCHNAUFPAUSEN

Du atmest ja sowieso. Ob du willst oder nicht. Sogar wenn du nicht wolltest, würde dein Körper atmen. Weil er leben will. Also: Wenn du es sowieso schon tust, dann kannst du es auch ordentlich tun, nämlich bewusst. Sich seines Atems stets gewahr zu sein, das gelingt nur fortgeschrittenen Yogis. Aber man kann ja mal anfangen, oder? Zum Beispiel, wenn man im Auto vor einer Ampel wartet. Anstatt sich aufzuregen, weil die Ampel rot ist – atme! Denk nichts Gemeines über die Omi, die den dicken Dackel hinter sich herschleift. Nimm sie wahr, ja. Und atme. Und im Atmen vergisst du deine Sticheleien. Weil sich das bewusste Atmen nicht mit schlechten Gedanken verträgt. Grün! Schon! Hoffentlich kommt bald die nächste rote Ampel. Ich liebe rote Ampeln … Okay, ich übe es noch.

Beim Warten kannst du wunderbar bewusst atmen. Wie oft ärgern wir uns in irgendwelchen Schlangen. Supermarkt, Post, Fahrkarten – nie sind alle Kassen und Schalter besetzt und immer, aber wirklich immer hat der Dödel vor dir ein Problem, und das dauert ewig. Was ist schon ewig? Du atmest. Wo ist dein Problem? Du atmest bewusst. Ist es nicht herrlich, dass dir diese Wartesituation die Gelegenheit für ein paar bewusste Atemzüge gibt? Schade, dass du jetzt schon an der Reihe bist, oder?

Der Nachbar wirft sein Laub über deinen Zaun. Du hast es genau gesehen. Dein Blutdruck steigt. Alles zugeschnürt. Atmung ver-
flacht. Wutknödel im  Bauch. Gleich platzt dir der Kragen ... Nein. Du atmest. Ein und aus. Was ist schon Laub? Oder es ist dir eben nicht egal. Selbstbewusst und sou- verän, so wie du dich stark geatmet hast, gehst du zum Zaun. Und fünf Minuten später ist das Laub auf der anderen Seite, so oder so. Atme.

Eine Frage wird dir gestellt. Jemand will, dass du ihm einen Gefallen tust, oder es geht um eine wichtige Entscheidung. Fang nicht gleich an, irgendwas zu reden. Du weißt doch sowieso noch nicht, was du sagen willst. Atme bewusst. Dann wirst du es wissen. Atmen schafft Klarheit. Die Zeit hast du immer. Ob du sie mit einer Atmung füllst oder mit Worthülsen wie *Äh* und *Genau* und *In der Tat.*

Atme erst, dann sprich. Jetzt wird deine Rede Kraft haben. Denn sie wird getragen von deinem Atem, und der Little Guru ist bei dir. Du hast ihn schließlich angeblasen durch dein Atmen.

Es gibt nicht nur Schwarzfahrer, es gibt auch Schwarzatmer. Sie besetzen unsere Gedanken und blockieren unseren Atem, und wir merken es vielleicht gar nicht. Wir nicht – aber unsere Little Gurus sehr wohl, zumindest meiner, wenn ich eine Yogastunde abhalte. In so einer Yogastunde tummeln sich nämlich manchmal Leute, die sieht man gar nicht. So wie die »böse« Kollegin der Yogini Yasmin. Nie füllt die böse Kollegin im Büro am Kopierer das Papier nach. Und deshalb nimmt Yasmin sie innerlich mit in die Yogastunde. Sie ist nämlich nicht fertig mit ihr, noch lange nicht! Da liegt sie jetzt, die böse Kollegin, auf der Yogamatte bei Yasmin. Und es sind noch viele andere Leute anwesend, die niemand sieht. Sie befinden sich alle in den Köpfen der Yogaschüler. Der blöde Chef, die Exfrau, der ignorante Vermieter, die geizige Nachbarin … Und es finden sich nicht nur Menschen ein, die offiziell gar nicht zu dieser Stunde angemeldet sind. Auch Autos, die man verkaufen möchte, Haustiere, die man vielleicht anschaffen will, eine kaputte Waschmaschine und dort drüben ein zwölfteiliges Teeservice. Ja, sogar Orte quetschen sich in die Yogastunde. Graue Büros, Traumstrände, Metropolen. Man kann sich nur wundern, wie dehnbar so eine Yogastunde ist.

Die Schülerinnen und Schüler kommen nicht pur in die Stunde. Sie wollen am liebsten pur *gemacht* werden, man soll ihnen den ganzen Scheiß abnehmen. Manchmal ist auch eine große Halle so voll, dass ich mich wundere, dass sich niemand verletzt. Also äußerlich. Innerlich sind viele Menschen verletzt von den scharf-kantigen Gedanken, die unkontrolliert herumrasen. Wenngleich ich all diese Dinge nicht konkret sehe, so nehme ich sie doch irgend-wie wahr. Ich? Nein, nicht ich bin es. Es ist mein Little Guru, der genau erkennt, was und wen die Menschen mit sich herumschlep-pen. Er ist es auch, der mit den Little Gurus meiner Yoginis und Yogis kommuniziert. Und so kann es geschehen, dass ich plötzlich etwas sage, was nicht in meiner Absicht lag. Ich bin ja nur so etwas wie das Sprachrohr meines Little Guru. Und am Ende der Stunde kommt jemand zu mir: »Du, was du vorhin gesagt hast, das war der Hammer, genau das hat mir geholfen. Ich habe da nämlich gerade so ein Problem, und jetzt weiß ich, wie ich da rauskomme. Danke.«

Ich leite diesen Dank weiter an meinen Little Guru, der das Pro-blem erkannt und gelöst hat, weil er mit seinem Kollegen kommu-niziert hat. Ich tue lediglich, was ich aufgetragen bekomme. Und das kann ich nur annehmen, wenn sich mein Ego nicht einmischt, ohne zu merken, dass es überhaupt einen Auftrag gegeben hat. Little Gurus wirken undercover, im Untergrund.

Das kann jeder Mensch erfahren, der atmet, denn wenn wir bewusst atmen, empfangen wir auch mehr – heilende Botschaften unseres Little Gurus.

Wer bewusst atmet, kann auch die ungebetenen Gäste, die sich an ihn klammern, wegatmen. Sie lösen sich einfach in (Atem-)Luft auf.

Solange ein Mensch in seinem Körper wohnt, hat er etwas zu ler-nen. Der Little Guru nimmt ihn an die Hand und führt ihn als lie-bevoller Lehrer. Der Little Guru bereinigt jede Situation, weil er hinter die Dinge blickt. So zeigt er dir den Weg. Der mag manchmal so aussehen, dass du deine Ansprüche zurücknimmst. Ein ander-mal bist du aufgerufen, sie zu verteidigen. Immer aber solltest du versuchen, bewusst zu atmen – übe, und es wird dir gelingen.

ATEMGENUSS

Jeder Atemzug kann der schönste deines Lebens sein. Mit jedem Atemzug erhältst du eine neue Chance. Jetzt. Und jetzt. Und jetzt. Du bist wie ein Gefäß, und der Atem fließt in dich hinein. Reine, frische, neue Luft. Da ist alles enthalten, was du jetzt brauchst. Sauerstoff und Energie und gute Laune und Lebenskraft oder auch Prana, wie es bei uns Yogis heißt … Man fragt sich, warum man so etwas Herrliches nicht ständig genießt. Man könnte glatt süchtig werden. Atemsüchtig. Die Luft fließt in den Körper wie eine Flüssigkeit deiner Wahl in ein Glas. Oder in eine Tasse. Ich trinke keinen Alkohol und keinen Kaffee. Ich trinke Luft. Ich genieße meinen Atem. Das ist Koffein pur, da entfalten sich fruchtige Blumen, harmonisch akzentuiert, mit einer dezenten Note von sonnigem Frieden üppig den Gaumen kitzelnd. Und im Abgang: erquickend!

Die vollständige Yogi-Atmung füllt – wie bei einem Cognacschwenker – als Erstes den Bauchraum mit Luft. Und es geht weiter wie in einem Glas von unten nach oben. Wir schenken uns einen Körper voller Atem ein – und mehr noch: Die *Siegreiche Atmung*, wie sie im Yoga genannt wird, stärkt uns, wenn die Herausforderungen größer werden. Auch ohne Yoga atmen wir tiefer durch, wann immer uns etwas Großes bevorsteht.

Im nächsten Abschnitt beschreibe ich diese beiden Techniken genauer. An jedem Kapitelende gibt es Yogaübungen, die mir in vielen alltäglichen Situationen geholfen haben, und am Ende des Buches fasse ich den Ablauf in der *Yoga-Sequenz* zusammen.

Für deine Atmung solltest du dir so oft wie möglich Zeit nehmen. Mancherorts heißt es, dass wir nicht auf die Welt kommen mit einer vorbestimmten Anzahl von Jahren. Sondern, dass die vorbestimmte Anzahl sich auf die Atemzüge bezieht. Jetzt könnte man philosophieren. Ob man Lebenszeit gewinnt, wenn man langsamer atmet. Ob man Lebenszeit verschwendet, wenn man schnell, also flach atmet. Das glaube ich bestimmt, denn wer flach atmet, *er-lebt* auch flach. Wie soll die Fülle des Lebens einströmen, wenn wir ihr dazu nur so wenig Platz gönnen? Und wie willst du deine Gedanken beruhigen, wenn du hektisch atmest? Die Gedanken sind an die Atmung gekoppelt. Atmest du ruhig und tief, denkst du ruhig und tief. Atmest du schnell, bleibst du an der Oberfläche. Du kannst die Veränderung mit jedem neuen Atemzug beginnen. Jetzt.

SO KANNST DU JEDEN NEUEN TAG BEGRÜSSEN

Noch bevor du irgendetwas tust. Noch bevor du in die Aktion, in die Action gehst. Mach dich lang im Bett, strecke die Wirbelsäule und praktiziere mindestens dreimal die volle, tiefe Yogi-Atmung. So beginnst du deinen Tag voll und reich. Und du schickst gleich einen Gutenmorgengruß an den Little Guru, der in dir wohnt. Die Verbindung ist hergestellt. Connected mit einem dir stets wohlgesinnten weisen Wesen. Und es antwortet dir. Immer. Hörst du ihn, deinen Little Guru? Fühlst du ihn? Siehst du ihn vielleicht sogar vor deinem geistigen Auge? Vielleicht winkt er dir? So wie das Glück. Dein Little Guru ist dein Glück.

YOGA-PRAXIS:
DIE VOLLE YOGI-ATMUNG –
SAMA ORTTI PRANAYAMA

Solltest du an einer Atemwegserkrankung leiden, erkundige dich bei deinem Yogalehrer, deiner Yogalehrerin oder einem Heilkundigen, ob diese Übung gut für dich ist.

Nimm eine aufrechte Sitzposition deiner Wahl ein, egal ob auf dem Boden oder einem Stuhl. Sollte der Stuhl eine Lehne haben, nutze sie nicht. Sitz gerade aus eigener Kraft. Schließ deine Augen.

Leg eine Hand in Höhe des Bauchnabels auf deinen Bauch.
Leg die andere Hand in Höhe des Herzens auf deine Brust.
Beobachte nun, ohne deine Atmung zu beeinflussen, wie dein Atem fließt. Und wo.
Frage dich dann: Wer atmet?
Bist du es, und wenn du es bist, wer bist du dann?
Oder atmet vielleicht ... ja, wer?

Beginne durch die Nase ausschließlich in den Bauchraum zu atmen. Der Bauch wölbt sich nach vorne. Du nimmst eine Dehnung wahr. Atme wieder aus und wieder ein, nur in den Bauchraum zu deiner unteren Hand.
Nach einigen Atemzügen atmest du tief in den Brustkorb. Weit dehnt sich deine Brust, die Wirbelsäule richtet sich auf. Die Hand auf deinem Bauch bewegt sich kaum. Doch die Hand auf deiner Brust schiebt sich nach vorne oben, so wie dein Brustkorb bei dieser tiefen Atmung.
Als Letztes atmest du nun in die Lungenspitzen an den Schlüsselbeinen: kleine, flache Atemzüge. Brustkorb und Bauch bewegen sich nicht und somit auch nicht deine Hände, die noch immer ruhen.
Und dann verbindest du diese drei Atemräume miteinander zur vollständigen Yogi-Atmung.
Atme tief in den Bauch, bis der Bauch sich weit gedehnt nach vorne wölbt, danach lässt du die Luft tief in den Brustkorb strömen, der sich dehnt und deine Wirbelsäule aufrichtet, weiter fließt der Atem in die Lungenspitzen. Deine Schultern bleiben entspannt. Und dann atmest du doppelt so lange aus wie ein. Das ist am Anfang vielleicht gewöhnungsbedürftig, doch es ist gut möglich. Manche Yoginis und Yogis atmen sogar dreimal so lange aus, wie sie einatmen.

Wiederhole diese Übung einige Male. Und wenn sie dir gut gelingt, erweitere sie durch den Ujjayi-Atem. Diese Atemtechnik mit dem übersetzten Namen *Siegreiche Atmung* wird bei einigen Yoga-Traditionen praktiziert:

Ujjayi Pranayama

Nimm erneut eine bequeme Sitzposition deiner Wahl ein und genieße ein paar tiefe, volle Yogi-Atemzüge. Öffne dann den Mund und hauche ein stimmloses *Haaaa*. Schließe den Mund und behalte dieses Geräusch während der Ein- und Ausatmung durch die Nase. Wenn du die Stimmritze in deiner Kehle verschließt, entsteht das Geräusch wie von selbst, ohne dass du Druck ausübst oder dich anstrengst. Ein wenig klingt es wie das Rauschen des Meeres, nicht wahr? Und ebenso beruhigend ist seine Wirkung. Wann immer im Alltag eine Herausforderung auftaucht, erinnere dich an diese Atmung. So lange dein Atem fließt, ist eine Überforderung nahezu unmöglich. Die Atmung verbessert auch deine Körperhaltung, du richtest dich auf, stehst sicherer, fester und gleichzeitig lockerer. Solltest du unter Asthma oder chronischer Bronchitis leiden, kann sie diese Beschwerden lindern. Und selbst bei einem Schnupfen erleichtert diese Atmung das Schnaufen. Außerdem stärkt sie die Muskulatur, die du für die Atembewegung benötigst, und beruhigt und regeneriert den Geist. Atmen ist ein Wunder! Bewusst atmen ist ein Wundermittel!

MANTRA

*Das Mantra, das du innerlich bei jedem Ausatmen wiederholen kannst, ist **Om,** das Ur-Mantra, auch kosmischer Urlaut genannt. Alles kommt aus diesem Ton, ruht in diesem Ton und wird zu diesem Ton zurückkehren.*

ÜBERBEWUSSTSEIN

SCHLEIER/ILLUSION

TIEFSCHLAF

TRAUMBEWUSSTSEIN

WACHBEWUSSTSEIN

LITTLE GURU

Das Licht in dir

Man muss nicht nach Indien oder sonstwohin reisen, um Wahrheit und Lebensweisheit zu finden. Das Gute liegt so nahe: Wenn du denkst, es geht nicht mehr, kommt von irgendwo ein Lichtlein her. Genauso ist es. Und das Lichtlein kommt nicht von außen, es kommt von innen. Dein Little Guru hat es für dich angezündet. Er bringt immer Licht, auch wenn er dazu manches Mal einen Raum verdunkelt. Er selbst ist das Licht, und seine Weisheit ist universell und unermesslich.

Viele Menschen glauben an Engel und bitten sie um Hilfe. Ich habe überhaupt nichts gegen Schutzengel. Gerade in Bayern sind sie weit verbreitet. Aber nicht alle, die einen Engelsjob machen, haben Flügel. Und wer Flügel hat, kann auch wegfliegen.

Der Little Guru ist überwiegend sesshaft. Er wohnt in dir. Und was seinen Namen betrifft, ist er nicht eitel. Wenn dir Little Guru nicht gefällt, kannst du ihn anders nennen. Es ist ihm egal, ob er weiblich oder männlich erscheint, groß oder klein, im Licht oder Schatten, ob er dick oder dünn ist. Denn er ist frei. Und voller Liebe. Und es ist ihm im Übrigen auch egal, ob *du* weiblich oder männlich bist, groß oder klein, dick oder dünn, und wie deine Nase aussieht und deine Taille. Liebe fragt nicht nach Äußerlichkeiten. Sie ist. Bedingungslos.

Was immer auch geschieht: Atme bewusst und aktiviere so die Verbindung zu deinem Little Guru. Wenn du mit ihm in Kontakt bist, handelst du nicht überstürzt oder zu deinem Schaden, was man ja manchmal erst zu spät bemerkt. Und vor allem erkennst du die Schachzüge deines Egos. Der Little Guru will stets dein Bestes. Er weiß, dass das Beste für dich auch das Beste für alle anderen ist, in einem höheren Sinn, den wir Menschen manchmal gar nicht ermessen können. Das machen die Little Gurus dann untereinander aus. Denn sie kommunizieren stets miteinander, wenn sich zwei Menschen begegnen, die den Mut haben, ihre Herzen zu öffnen.

Die intensivsten menschlichen Begegnungen erfahren wir in der Liebe. Gerade am Anfang. Frisch verliebt, der Himmel voller Geigen, stellen wir fest: Wir sind füreinander bestimmt. Es passieren auch ständig irgendwelche Wunder, die das beweisen. Ich wollte dich eben anrufen, da klingelt mein Telefon, und du bist dran. Ich habe an dich gedacht, da hast du mir eine SMS geschickt. Man blickt sich in die Augen und fühlt sich zutiefst angenommen. Alles erscheint verwandelt durch die Liebe. Man ist wie verzaubert, dabei ist man das eigentlich gar nicht, sondern genau genommen ist man eigentlich nur endlich angekommen … in der Energie des Little Guru. So kannst du auch beginnen, wenn du dich mit deinem Little Guru verbinden möchtest. Denk an ihn und atme, und wenn das nicht klappt, atme weiter und denk an jemanden, den du liebst. Deinen Mann, dein Kind, deine Frau, dein Haustier, wen oder was auch immer. Diese Liebe wird dich weiterbegleiten zu deinem Little Guru.

Solltest du gerade frisch verliebt sein, bist du ja ohnehin ständig in einem Liebeszustand, in dem auf einmal alles wie Schicksal erscheint. *Du bist mein Seelenverwandter. Bestimmt kennen wir uns aus einem früheren Leben.* Auf einmal ist alles möglich … durch die Liebe. Sie ist wie ein schöner Stein, den man ins Wasser wirft, der Kreise zieht, und dann spricht man manchmal eine tiefe Wahrheit aus, ohne sie zu erkennen: Ich könnte die ganze Welt umarmen. Ja. Wer liebt, dem laufen die Gefühle über, der hat mehr, als er braucht; die Liebe strömt aus ihm, nie versiegend. Und deshalb führt der Pfad der Liebe zum Little Guru. In der Liebe ist er in seinem Element.

Stell dir mal vor, du würdest dieses hammermäßige Verliebtheitsgefühl des Beginns ständig spüren. Mal ehrlich: Würdest du das aushalten? Oder würde es dich glatt umhauen? Wenn du bewusst atmest, bleibst du präsent! Das Gefühl wird nicht weniger dadurch, sondern mehr, und gleichzeitig wird es tiefer. Es erfüllt jede einzelne deiner Zellen. Die beginnen zu leuchten. Und dein Little Guru lächelt.

DIE BREZENMEDITATION

Angenommen, du betrittst eine Bäckerei in der Absicht, eine Breze zu kaufen. Dein Blick schweift über die Brotkörbe, du erkennst das Objekt deiner Begierde. Hinter der Theke steht noch so ein Ding auf zwei Beinen, und wenn du höflich bist, grüßt du. Wenn nicht, verlangst du gleich, weswegen du hier bist: eine Breze. Okay, du bist freundlich: bitte.

Das Ding hinter der Theke ist kein Brezenautomat, sondern ein Mensch. Und irgendwo in diesem Menschen gibt es einen Little Guru. Du erkennst ihn vielleicht nicht. Doch dein eigener Little Guru nimmt ihn wahr, und so öffnet sich auch dein innerer Blick.

Du bist wach und klar und präsent, wenn du dir über deinen Little Guru bewusst bist – der mit dem Little Guru der Verkäuferin kommuniziert. Mit der du mittlerweile ebenfalls in gutem Kontakt bist: Sobald dein Little Guru aktiv ist, bist du offen für andere Menschen.

Ich betrete ein Geschäft, eine Bäckerei und sage oft nicht nur »Guten Morgen«, ich frage auch: »Geht's Ihnen gut?«. Und dabei schaue ich dem Menschen hinter der Theke in die Augen.

Meine Bäckerin wundert sich nicht mehr. Die kennt mich ja schon. Fremde Verkäuferinnen und Verkäufer reagieren häufig erst mal irritiert. Denn für die bin ich ja kein Mensch. Sondern ein Geldautomat. Und so läuft die Begegnung zwischen Brezenautomat und Geldautomat dann auch oft ab. Wir reduzieren Menschen auf ihre Funktionen und werden selbst reduziert. Wollen wir das? Keiner will das. Und trotzdem tun wir es. Dabei ist es so einfach, dies zu verändern: Mit deiner Einstellung zu den Menschen, die dir begegnen. Indem du wahrnimmst, dass es keine Automaten, sondern Menschen sind, Menschen mit Little Gurus. Und vor allem: Indem du ihnen in die Augen schaust – bewusst. Erst dann wird eine Begegnung wahrhaftig. In jeder Begegnung, ob zufällig oder verabredet, können wir lernen und lehren.

Mein Little Guru ist inzwischen ziemlich anspruchsvoll. Breze allein genügt dem nicht, damit lässt der sich nicht abspeisen. Der will was Richtiges, der will in Resonanz gehen mit anderen Menschen. Und ich muss sagen: Mir schmeckt das auch besser. Und es hat im Übrigen null Kalorien beziehungsweise nur Herzenskalorien, und die verwandeln sich niemals in Fettzellen, sondern in Liebe, und die leuchtet. Es leuchtet in dir, und du strahlst nach außen. So kannst du nicht nur über Brezen philosophieren und meditieren und dich austauschen, sondern auch beim Tanken, in der Bank, wann immer du wartest. Überall, wo du anderen Menschen begegnest, kannst du dich fragen: Sehe ich sie als Menschen an? Ist es mir bewusst, dass sie sind wie ich? Sie haben ungefähr denselben Körper und wahrscheinlich dieselben Bedürfnisse wie ich. Sie wollen genug zu essen haben, gesund sein und ein glückliches Leben führen. Sie sind auf die Welt gekommen wie ich, sie atmen, und wir haben dieselben Rechte. Oder sehe ich nur mich als Menschen, und die anderen sind irgendwelche Dinger außen rum? Ist es nicht faszinierend, dass man selbst für die anderen genauso ein Ding ist? Weil ja jeder den Mittelpunkt seiner Welt bildet. Wie gehst du damit um? Erweiterst du deinen Horizont? Und was siehst du dann? Vielleicht ein Wir? Wir alle miteinander?

Natürlich kannst du der Meinung sein: Ob ich jetzt meine Breze bei einem Automaten kaufe oder bei einer Little-Guru-Beseelten, ist doch Wurst beziehungsweise Brot. Ich glaube, das ist auch eine Geschmacksfrage. Erstens könnte die Breze, die du in wahrhaftigem Kontakt gekauft hast, ein wenig schimmern. Ein Gruß des Little Guru, wie ein Segen, der auf allem liegt, was mit Liebe geschieht. Zweitens aber, und das ist viel entscheidender: Du vergeudest das Jetzt, wenn du nicht präsent bist. Jeder Augenblick deines Lebens trägt in sich die Möglichkeit, ein wunderbarer Moment zu sein. Das gelingt aber nur, wenn du wirklich anwesend bist. Nicht in Gedanken irgendwo. Automatenhandlungen werden meistens vollzogen, wenn wir mit den Gedanken woanders sind. Also verschenkst du viele unzählige Momente. Dauernd reicht dir jemand Lose mit der Gewinnaussicht auf den schönsten Augenblick deines Lebens, und du wirfst sie achtlos weg, merkst es nicht, weil du darüber nachdenkst, was dein Kollege vorhin gemeint hat, als er sagte, dass der Ausdruck des Auftrags XYZ einen Kaffeefleck habe. Dass du schlampig arbeitest? Dass du mit deinen Terminen hinterherhinkst? Stell dir mal vor, er hätte gar nichts anderes gemeint, als dass der Auftrag XYZ einen Kaffeefleck hatte. Und dafür hast

du so viele Lose über den Jordan gehen lassen! Du hast aber nicht unendlich viele Augenblicke in diesem Leben. Also, das klingt jetzt vielleicht egoistisch, aber ich möchte schon gern ein schönes Leben, und da es sich aus vielen Augenblicken zusammensetzt, sorge ich dafür, dass sie so schön wie möglich sind. Und das ist einfacher, wenn ich bewusst atme, mit meinem Little Guru verbunden bin … und dadurch die Welt als wunderschön und reich und herrlich erfahre.

Okay, das ist nicht immer einfach. Wenn man auf jemanden sauer ist zum Beispiel. Wieso soll ich jetzt wieder nett sein, wenn da noch was im Raum steht? Man kann Kleinigkeiten, die im Raum stehen, auch mal beiseiteschieben und sich an das große Ganze erinnern. Dass der Mensch, über den man sich im Moment aufregt, überhaupt da ist. Dass man ihn kennt. Vielleicht pfeift er dieses Lied, das man nicht ausstehen kann. Aber was wäre, wenn er gar nicht mehr pfeifen würde, weil er weg wäre? Mit dieser Erinnerung an die Kostbarkeit des Lebens befreist du dich und bleibst offen für den nächsten schönen Augenblick. Und den nächsten. Und den nächsten.

Der einzige Moment in deinem Leben ist jetzt. Der wichtigste Mensch, der dir begegnen kann, ist derjenige, der dir gerade gegenübersteht. Jede Begegnung birgt eine Chance. Indem du einem anderen Menschen begegnest, begegnest du dir selbst, weil du dich in einer Begegnung immer wieder neu erfährst und kennenlernst.

Manchmal sind gerade Begegnungen mit Menschen, die man gar nicht so gut kennt, besonders tief. Und unvergesslich. Ein Fremder sagt einem etwas »auf den Kopf« zu. Die Bemerkung eines Bekannten setzt sich fest. Zwischen Tür und Angel fällt ein Satz, der ins Schwarze trifft. Man muss nicht miteinander verheiratet sein oder sich seit dem Sandkasten kennen, um sich tief zu begegnen. Jede Begegnung kann wahrhaftig werden – es müssen nicht mal Worte fallen. Man wartet auf die S-Bahn, plötzlich ein Blickkontakt mit einem Fremden. Der fährt einem ins Herz. Es wird warm. Man hat kein Wort miteinander gesprochen und irgendwie doch ganz viele. Ein Augenblick tiefen Verständnisses. Man weiß nichts von dem anderen. Wo kommt er her, wo geht er hin, wer ist das, wie alt, was arbeitet der, praktiziert er Yoga, hat er eine Modelleisenbahn im Keller? Nichts weißt du. Und weißt gleichzeitig alles. Denn ihr seid euch in eurem Menschsein begegnet. Später willst du jemandem davon erzählen. Vielleicht fehlen dir die Worte dafür. Begegnung braucht keine Worte, ja, oft scheinen sie zu versagen, wenn es um die Beschreibung der großen Gemeinsamkeit geht, der Verbindung mit allen und allem.

Womöglich gibt es einen Menschen in deinem Umfeld, bei dem du dich besonders wohlfühlst. Du hast keine Ahnung, warum das so ist. Denn eigentlich habt ihr keine Gemeinsamkeiten, und ihr trefft euch nur selten. Aber wenn, dann ist es sofort so vertraut, so warm. Könnte es ein, dass eure Little Gurus miteinander kommunizieren? Während ihr vielleicht noch die Jacken auszieht, hocken die schon beieinander, die Köpfe eng zusammengesteckt, im Geiste verschmolzen.

Vielleicht gibt es aber auch einen Menschen, den du nicht ausstehen kannst. Oder du lernst ihn eben erst kennen und willst am liebsten weglaufen. Du kannst genauso gut stehen bleiben, atmen, deinen Little Guru um Unterstützung bitten und erforschen, was hier los ist. Warum du so reagierst. Oft lernen wir gerade dann, wenn wir unserem ersten Fluchtimpuls nicht nachgeben, einem Vorurteil nicht auf den Leim gehen, sondern dableiben und uns konfrontieren. Auch mit unseren eigenen Schwächen, Unzulänglichkeiten. So erkennen wir gelegentlich, dass wir uns getäuscht haben. Oder wir können unsere Angst benennen. Wofür wir einen Namen haben, das macht uns keine Angst mehr.

Es gibt aber natürlich auch Situationen, in denen ist es besser, auf seine Bedenken zu hören. Doch wie kriegt man raus, wann eine solche Situation gekommen ist? Ganz einfach: Unser Körper verrät es uns. Er ist ein Werkzeug für den Little Guru, mit dem er uns zeigt, wenn etwas nicht stimmt – immer vorausgesetzt, wir lassen uns darauf ein, seine Zeichen zu deuten. Wenn es im Bauch kribbelt, wenn wir Gänsehaut bekommen, schwitzen, keine Luft mehr kriegen – dann sollten wir besonders aufmerksam sein. Das ist nicht nur irgendein Unwohlsein. Das ist ein klares Anzeichen, dass hier etwas nicht stimmt … oder eben doch …

Little Guru, hilf mir zu erkennen, worum es jetzt wirklich geht und wie ich mit meinem Hintergrund in dieser Situation am besten reagiere. Kommt es darauf an, dazubleiben und vielleicht ein neues Verhalten auszuprobieren? Oder besteht mein neues Verhalten genau darin wegzugehen, weil ich häufig zu lange in Situationen verharre, die mir nicht guttun?

Du brauchst keine Angst zu haben. Wenn du mit deinem Little Guru verbunden bist, wirst du das Richtige tun. Atme weiter und vertraue. Du bist nicht allein.

EINSAMKEIT IST EINE ILLUSION

Viele Menschen leiden darunter, getrennt zu sein, was sie aber gar nicht wissen. Sie fühlen sich überfordert, unzufrieden, einsam, ungeliebt … und zählen auf, warum das so ist. Stress im Job und schlechtes Wetter und eine Delle im Kotflügel und Kopfweh und Waschmaschine kaputt und, und, und. Es ist oft wie bei einem Suchbild: Wo ist der Fehler? Und es ist immer derselbe Fehler.

Würdest du unter Stress leiden, wenn du das Gefühl zulassen könntest, mit allem und allen verbunden zu sein? Wären die Regentropfen, die an dein Fenster klopfen, ein Grund für schlechte Laune, wenn du dich in deinem Leben insgesamt geborgen fühlen würdest? Könnte dich die Delle im Kotflügel wirklich aus der Bahn werfen, wenn du dich als Teil eines Ganzen wahrnehmen würdest? Wären das alles dann noch Gründe, um sich das Leben sauer zu machen? Oder liegt das Problem nicht vielmehr darin, dass du – meistens unbewusst – das Gefühl hast, innerlich einsam zu sein? Ganz allein auf dich gestellt?

Du hast zwei Beine. Du kannst einen Schritt gehen. Auf andere zu. Vielleicht sind deine Beine zu schwach zum Gehen. Dann kannst du innerlich gehen. Du hast zwei Arme. Du kannst sie öffnen. Für andere. Du hast zwei Augen. Du kannst im Blick anderer lesen, dass du willkommen bist. Hab den Mut hinzuschauen. Hab den Mut, Ja zu sagen. Und wenn deine Augen nichts sehen, dann schau mit deinem Herzen. Du bist niemals ganz allein. Dein Little Guru ist bei dir. Und all die anderen Milliarden Menschen mit ihren Little Gurus, und wenn du möchtest, denk an alle Geschöpfe, auch die Tiere. Lass dich an die Hand nehmen und trau dich.

Begegne anderen Menschen, als würdest du dir selbst begegnen. Stell dir vor, du seist der andere. Verbinde dich! Auch mit dem Obdachlosen auf der Parkbank, mit dem Anzugträger vor der Bank, mit dem jungen Mädchen auf dem Rennrad, mit der alten Frau an der Ampel. Einmal warst du jung, einmal wirst du alt sein, das Leben ist ein Kreis. Vielleicht warst du einmal eine Frau, jetzt bist du ein Mann oder umgekehrt, das Leben ist ein Kreislauf, und du trägst alles von allen in dir, wie sie alles von dir in sich tragen. Wir alle sind alles, und alles ist in allen. Und wenn du diese Übung einige Male praktiziert hast mit dir unbekannten Menschen, dann wage den Schritt hin zu jenen, die du kennst und vielleicht nicht unbedingt magst. Den Ex deiner Frau, die Ex deines Mannes, deine ehemalige Physiklehrerin mit den schlimmen Exen. Verbinde dich mit ihnen und stell dir vor, dass du sie sein könntest. Und atme.

Und wenn du mal wieder auf der Yogamatte nach links oder rechts schielst, wo diese Gummipuppe bei gegrätschten Beinen mit dem gesamten Oberkörper auf dem Boden liegt, während du viel weiter oben um jeden Millimeter kämpfst: Atme. Und stell dir vor, du seist sie. Wetten, da gehen gleich noch ein, zwei Millimeter – auf die es nicht ankommt. Mitgefühl macht weich. Und frei. Und so wird dein Leben reicher.

MEIN ERSTER GURU

Bei dem Wort Guru denken die meisten Menschen eher an einen äußeren Guru, nicht an den Little Guru im Inneren. Auch meine erste Begegnung mit einem Guru fand im Außen statt. Meine Mutter schenkte mir, ich war ungefähr zehn Jahre alt, ein schmales Buch mit Versen von Gandhi. Auch wenn ich sie vielleicht damals noch nicht vollständig erfassen konnte, weckten sie etwas in mir – ich war fasziniert von der Einfachheit dieser Wahrheiten. Heute würde ich sagen, mein Little Guru erwachte. Guru bedeutet übersetzt Lehrer oder: derjenige, der das Licht bringt. Und so ging es mir mit diesem Buch von Gandhi. Es war verrückt: Wann immer irgendetwas nicht so klappte, wie ich mir das vorstellte, fiel mir das Büchlein in die Hände. Ich las einen Vers und erkannte oft, dass das, worüber ich mich aufgeregt hatte, den Aufwand gar nicht wert war. Denn ging es nicht um etwas ganz anderes? Ich wusste noch nicht so genau, um was, aber es war groß und bedeutsam. Ich konnte es spüren, ohne es zu benennen.

Über manche der Verse dachte ich lange nach, und verwundert stellte ich fest, dass sie mir Kraft gaben. So wie der Satz: Niemand kann dir wehtun ohne deine Zustimmung. Das beschäftigte mich. Damit mich niemand verletzten würde, hatte ich mit Kampfsport begonnen. Seit meinem fünften Lebensjahr praktizierte ich Judo, später auch Karate, Taekwondo, Kickboxen und Kung-Fu, wo ich beim Wing Tsun eine Heimat fand. *Immerwährender Frühling* heißt diese Kampfkunst übersetzt, in der es darum geht, den

Kampf zu verhindern – nur ein verhinderter Kampf ist ein gewonnener Kampf.

Gandhis Philosophie geht vom Guten aus. »Jede und jeder soll unabhängig davon, was irgendeine andere Person tut, damit beginnen, gut zu sein; dann wird die Güte des einen zurückgestrahlt im anderen.« Dazu gehört Ahimsa, die Gewaltlosigkeit, eines von fünf sogenannten Yamas, die in den Sutras von Patanjali niedergeschrieben sind. Ich erlaube mir, diese Weisheiten mit meinen eigenen Worten wiederzugeben.

Ahimsa – Sei friedlich.
Satya – Sei wahrhaftig.
Asteya – Stiehl nicht.
Brahmacharya – Lebe enthaltsam.
Aparigraha – Sei genügsam.

AHIMSA – SEI FRIEDLICH

Ahimsa betrifft unser gesamtes soziales Miteinander, nicht nur den Verzicht auf äußere Gewalt. Ahimsa bedeutet, einen guten und friedlichen Umgang mit allen Lebewesen zu pflegen – auch mit Insekten. Das wird gern kolportiert mit Bildern von Gläubigen, die den Weg vor sich kehren, um ja kein Lebewesen zu zertreten. Bei uns macht sich darüber kaum jemand Gedanken. An einem Sommerabend nach einer längeren Autofahrt habe ich einmal die abgeschossenen Insekten auf der Windschutzscheibe betrachtet. Es waren mehrere Dutzend. Ich hätte ihnen nicht ausweichen können, ohne mein Leben und das anderer Verkehrsteilnehmer zu riskieren. Ich sollte besser nicht Auto fahren. Wenn man sich auf Ahimsa einlässt, kommt man schnell auf den Punkt, auf die Frage, worum es geht. Ums Leben nämlich. In den reichen Ländern häufig um das Leben der anderen. Und auch das ist zu verbessern, wenn wir bei uns selbst anfangen. Wie heißt es so schön: Es kehre jeder vor seiner eigenen Tür.

Alles, was in deinem Leben beginnt, beginnt bei dir selbst. Auch der Weltfrieden beginnt bei jedem einzelnen Menschen. Ahimsa bedeutet, dass du nicht nur deine Faust öffnest, sondern auch deine Gedanken und Worte. Sprich nicht negativ über dich selbst. Denke auch nicht schlecht über dich. Alles, was du bewegen und bewirken und unterlassen kannst, beginnt bei dir selbst. Willst du in Frieden mit dir leben? Dann erst kannst du in Frieden mit anderen leben. Sprich nicht negativ über andere. Denke auch nicht schlecht über sie. Denn damit würdest du Schlechtes in die Welt setzen, das dich genauso betrifft wie denjenigen, an den du diese Botschaften richtest.

In der Praxis bedeutet Ahimsa natürlich auch den Verzicht auf Fleisch, da jeder Fleischverzehr Töten voraussetzt. Ich lebe vegan, denn ich habe mir überlegt, wie das beispielsweise für die Kühe ist, lebenslänglich in dämmrigen Ställen zu stehen und morgens und abends gemolken zu werden. Sind das Lebewesen oder Sklaven, Milchfabriken? Ich stelle mir vor, wie es mir ginge, wenn ein übermächtiges Wesen mich als Produzent für irgendetwas ausbeuten – und das womöglich nicht mal merken würde. Weil er in mir kein Geschöpf Gottes sieht, sondern ein Ding ohne Gefühle, dem man bei lebendigem Leib das Fell verbrennen, die Hörner abschneiden und noch viele andere Quälereien zufügen kann. Nein, ich möchte die Augen nicht verschließen vor der Not nicht nur der Menschen, sondern auch der Tiere, und mich dort, wo ich etwas tun kann, einsetzen.

Jeder von uns kann auf der untersten Stufe anfangen. Bei sich selbst. Ich spreche von der Basis. Müll trennen, vegetarisch leben, öfter aufs Auto verzichten wäre schon die nächste Herausforderung. Ich meine zuerst einmal den Umgang mit sich selbst. Die meisten Menschen merken gar nicht, wie sehr sie sich ständig verletzen. Ich bin so blöd, ich bin viel zu schüchtern, ich bin zu dick, ich kann das nicht, ich bin ungelenkig, mir fehlt der Antrieb, ich werde das nie begreifen … So machen sich viele den lieben langen Tag lang fertig. Wie soll man friedlich mit anderen Menschen leben, wenn es schon am Frieden im eigenen Haus mangelt?

Gedanken produzieren Realität. Je mehr du gibst, desto mehr wirst du bekommen – um wiederum zu geben. Mir genügt es nicht, auf der Yogamatte ein Mantra anzustimmen: »Mögen alle Wesen glücklich und zufrieden sein.« Und danach fahre ich nach Hause an Ställen vorbei, in denen Kühe dahinvegetieren, die niemals die Sonne sehen, niemals auf einer Wiese stehen, niemals Gras aus der Erde rupfen mit ihren langen rauen Zungen. Was kann ich tun? Ich weiß nicht, ob ich nur einer einzigen Kuh helfen kann, aber ich trinke keine Milch, und ich esse keine Butter, weil Tiere dafür leiden müssen. Es gibt Alternativen, in denen keine Qual der Tiere steckt. Es gibt viele Bereiche, in denen ich noch nicht so konsequent bin, aber ich bin auf dem Weg. Und ich wünsche mir, dass sich viele, viele Menschen auf den Weg des Friedens begeben, der im Kleinen beginnt, bei jedem von uns.

Wie also wäre es, mal die weiße Fahne flattern zu lassen und das Kriegsbeil gegen sich selbst tief zu vergraben, mit dem man sich ständig selbst verletzt? Ich bin faul, ich krieg nichts auf die Reihe, alle anderen sind besser. Wenn das keine Kriegserklärungen sind! Der Little Guru leidet unter solchen Urteilen. Jeder ist perfekt, so wie er ist. Und willkommen. Und wenn etwas angeblich nicht stimmt, dann hat das einen Grund. Jeder hat sein Thema, das maßgeschneiderte Thema für dieses Leben. Ruf deinen Little Guru an und mach einen Termin aus, damit er dir mal wieder den Kopf wäscht. Vielleicht sogar nicht bloß außen, es könnte sein, dass dir eine Gedankenspülung Linderung und Klarheit verschafft.

Gestern habe ich die ersten Mücken gesehen. Ich habe mich gefreut, weil sie Boten des Frühlings sind. Bei Mücken hört der Frieden für viele Menschen auf. Sie schlagen nicht nur die Mücke, sondern auch noch denjenigen, auf dem sie sitzt. Okay, der überlebt es und sagt Danke. Denn er ist ja gerettet worden vor einem Blutsauger. Aber die Mücke sticht nicht aus böser Absicht. Sie braucht das Blut für ihren Nachwuchs – nur die weiblichen Insekten stechen. Will ich eine junge Mutter daran hindern, ihre Kinder großzuziehen? Ich hab doch genug Blut. Da kann ich doch einen oder zwei Tropfen spenden. Die Mücke setzt sich auf meinen Unterarm. Wenn ich mich jetzt doch noch anders entscheiden würde, könnte ich sie wegpusten, ich müsste sie nicht totschlagen. Aber ich bleibe in meiner Friedensmission und beobachte, wie die Mücke den Stachel in meine Haut bohrt, wie sie zu saugen beginnt, wie sich ihre Größe und Farbe verändern. Und wenn sie fertig ist, erkläre ich ihr: »Hiermit habe ich meinen Beitrag geleistet. Sag das deiner Community und lasst mich für den Rest des Jahres in Ruhe.«
Und genauso geschieht es, Jahr für Jahr. Ich spende ein- bis dreimal mit freundlichen Gedanken Blut, und das war's dann. So geht es mir gut, so fühle ich mich wohl, denn ich möchte in Frieden leben. Nicht nur mit meinen Mitmenschen, mit allen Mitgeschöpfen, auch mit den Mücken. Der Frieden bereichert mein Leben, er ist mein Lebensweg. Und ich glaube, dass diese Sehnsucht auch viele Menschen Yoga praktizieren lässt. Aber dann geht sie manchmal verloren, zum Glück nie für immer. Unsere Sehnsüchte bleiben uns treu.

MEINE SEELE GRÜSST DEINE SEELE

Unser Yogastudio in Herrsching am Ammersee bei München trägt den Namen Namasté – die bekannteste Grußform im indischen Kulturkreis. Das Wort stammt aus dem Sanskrit: *Nam* bedeutet sich verneigen und ist ein Zeichen höchsten Respekts. Ich verneige mich vor deinem göttlichen Geist in dem Bewusstsein: Tief im Inneren unseres Wesens sind wir alle eins.

Dieser Gruß wird gesprochen mit vor dem Herzen wie zum Beten gefalteten Händen. So beginne ich alle meine Yogastunden und blicke meine Yoginis und Yogis an. Meine Seele grüßt deine Seele. Schön ist es, wenn die Yoginis und Yogis sich auch gegenseitig begrüßen. Doch obwohl das naheliegend wäre – denkt man an die Motive, warum Menschen oft an Yogastunden teilnehmen, Stichwort Liebe und Verbundenheit –, sieht die Realität häufig anders aus. Die Leute hetzen in den Raum, der Yogalehrer kann froh sein, wenn wenigstens die Hälfte pünktlich ist. Dann wird oft gleich munter losgequatscht. Schließlich hat man sich eine Woche nicht gesehen, da ist viel passiert. Es ist ein bisschen wie in einer Schulklasse mit unter Zehnjährigen. Da wird auch mal an der Nuckelflasche genippt und noch von einem Brot abgebissen, ich habe auch schon Döner im Yogaraum gesehen. Das ist praktizierte Religionsfreiheit – wenn sich nicht ein Vegetarier einschaltet. Dann könnte Ahimsa kurzzeitig ins Wanken geraten – wie leider so oft, auch beim Yoga. Hey, was hat die wieder für coole Klamotten an, da muss ich doch mal fragen, wo sie das Teil herhat. Und wie kommt die an die Kohle? Überhaupt wird ja gern Mode präsentiert und manchmal wohl auch beneidet. So wie später bei den Übungen die Gelenkigkeit beneidet wird. Was aber ja nur geschehen kann, wenn die Yoginis und Yogis eben nicht bei sich bleiben, wie es einer der wichtigsten Grundsätze besagt: Bleib bei dir, bleib gedanklich auf deiner Matte, es ist nicht wichtig, was die anderen tun. Doch, ist es wohl, vor allem, wenn die Stunde wie ein Kaffeekränzchen beginnt. Man könnte sich auch bewusst auf eine Yogastunde einstimmen. Sich schon auf dem Weg besinnen. Gerade auch, weil viele Menschen sich ja Entspannung und Ruhe, Gelassenheit und inneren Frieden vom Yoga erhoffen. Sie erschweren es sich, wenn sie sich selbst vorher so dermaßen hochschießen und mit Informationen überfluten.

Hast du schon gehört, Y hat sich von X getrennt.

Nein echt?

Ja, doch!

Da hat man genug Stoff, worüber man in der Yogastunde nachdenken kann. Als hätte man nicht auch ohne diese Information schon reichlich Ablenkung. Was koche ich heute Abend, was machen wir am Wochenende, warum ist mein Chef so uneinsichtig, wann kommt endlich das bestellte Sofa, hoffentlich ist die Nebenkostenabrechnung nicht zu hoch …

Manche Zuspätkommer reißen fast die Tür aus der Angel, ziehen sich geräuschvoll und durchaus auch mal fluchend in einer Ecke um, knallen ihre Matten auf den Boden und seufzen dann so laut, dass wirklich jeder merkt, jetzt sind sie da, und sie hatten einen verdammt stressigen Tag. Soll das womöglich ihre Wichtigkeit unter Beweis stellen? Achtsamer und liebevoller wäre es, Rücksicht auf diejenigen zu nehmen, die pünktlich gekommen sind und bereits begonnen haben, sich von der Außenwelt nach innen zurückzuziehen.

Andere kommentieren ständig Stellungen oder stöhnen, unterhalten sich mit Nachbarn oder müssen erklären, warum sie was nicht so gut können. Damit stören sie andere. Ich habe überhaupt nichts gegen Austausch, aber bitte nach der Yogastunde. In der Stunde verhindern die Kommentare Hingabe. Wer drüber redet, ist nicht drin.

Freundinnen oder Paaren, die gemeinsam einen Yogakurs besuchen, rate ich, nicht nebeneinanderzuliegen, sondern mindestens durch eine Matte, besser durch zwei, getrennt zu sein. Denn wenn man neben jemandem liegt, den man nicht kennt, übt man sich in der Regel in Zurückhaltung.

Dann gibt es Yoginis und Yogis, die ein Abo auf ihren Stammplatz beanspruchen. Wehe, jemand anders legt dort seine Matte aus. Da ist die Stimmung aber im Keller, und Konzentration fällt schwer. Gerade mal, dass man es schafft, dem Platzräuber nicht Tod und Teufel an den Hals zu wünschen. Es ist immer wieder erstaunlich, was im friedlichen Miteinander einer Yogastunde, in der sich doch alle zumindest wohlgesinnt sein könnten, an Emotionen hochschwappen kann. Meine Erfahrung ist es, dass ein Platzwechsel guttun kann, er eröffnet eine neue Perspektive. Darüber hinaus schadet das Vertrauen nicht, die richtigen Erfahrungen zur richtigen Zeit am richtigen Ort zu machen. Es wird schon einen Grund haben, warum dein Lieblingsplatz heute belegt ist.

Man kann einen Yogaraum übrigens auch schweigend betreten. Die Geste Namasté benötigt keine Worte. Hände vor dem Herzen falten, sich verneigen und den anderen einmal in die Augen schauen: Ich verbeuge mich vor dem Göttlichen in dir. Namasté beinhaltet die Überzeugung, dass sich hinter der äußeren Erscheinung des begrüßten Menschen ein höherer, göttlicher Kern, ein verwirklichtes Selbst versteckt. Und natürlich sind wir alle eins, woran wir uns mit diesem Gruß auch erinnern.

Yoga bedeutet Verbindung – natürlich in erster Linie mit mir selbst, aber eben auch zu allem und allen anderen um mich herum. Also nimm wahr, wer da noch ist. Und segne diese anderen vielleicht mit deinem Gruß, einem Lächeln oder guten Gedanken.

Und am Ende der Yogastunde verabschiede dich von den Yoginis und Yogis in Liebe und Achtsamkeit. Vielleicht schaffst du es, den Frieden in dir länger aufrechtzuerhalten, auch in der U-Bahn, auf dem Nachhauseweg, vielleicht sogar noch am nächsten Vormittag im Büro, wenn dieser Vollpfosten von Kollege schon wieder ... dieser Kollege ... dieser Mensch ... ein Mensch wie du. Atme. Besinne dich. Lächle. Man kann auch einen Kollegen segnen, der sich über Yoga lustig macht. Womöglich hat er es sogar richtig nötig. Wir können davon ausgehen, dass jeder Mensch, der uns begegnet, etwas zu geben hat und wir auch ihm etwas geben können.

YOGA – KAMPFKUNST DER SEELE

Ich bin immer wieder fasziniert, wie einfach es ist, eine aggressive Situation zu bereinigen durch Atem und Wahrnehmen des Menschen, der einem gegenübersteht. Ein Wesen wie ich, ein Geschöpf Gottes, des Lichts, wie auch immer man das nennen mag, mit denselben Rechten wie ich, wie wir alle. Genau das vergessen wir in der Wut, im Zorn, in der Aggression. Wir sehen keinen Menschen, sondern ein *Ding,* das uns stört. Wir fühlen das Gegenüber nicht, wir fühlen nicht mit. Sobald wir uns auf den anderen Menschen einlassen, können wir ihn nicht mehr hassen, sonst hassen wir uns selbst. Natürlich ist es mir bewusst, dass das vorkommt. Und dennoch erscheint es mir so, als hätten die meisten Menschen nicht wirklich verstanden, was es bedeutet, wenn es heißt: Die Energie, die du aussendest, kehrt zu dir zurück. Oder, um in unseren Breiten zu bleiben: Wie du in den Wald hineinrufst, so schallt es heraus.

Verrückterweise bringen uns gerade die Menschen, die wir »eigentlich« lieben, am schnellsten und höchsten auf die Palme. Und da hocken wir dann. Hoch oben – und ohne Verbindung zur Erde und denjenigen, die uns am wichtigsten sind. Und brüllen womöglich nach unten. Verbale Gewalt ist sehr mächtig. Eine Beule verheilt. Eine verletzende Bemerkung kann eine Wunde schlagen, die ein Leben lang blutet. Bei Gewalt in der Ehe, Gewalt in Beziehungen denken die meisten Menschen an Handgreiflichkeiten. Doch Gewalt hat viele Gesichter, die man erst einmal entlarven muss. Wer sich für den Weg des Friedens entscheidet, wird sie schneller erkennen und auch anders reagieren. Der muss nicht hoch auf die Palme und da oben dann schmollend sitzen und Beleidigungen runterrufen. Der hat den Mut, präsent zu bleiben und zu atmen. Und dann zu überlegen, was er zu dieser Situation beigetragen hat. Dann fragt er sich, was er selbst wirklich möchte. Und was der andere wirklich möchte, was aber nicht ankommt oder höchstens als Missverständnis. Und natürlich erfolgt eine Selbstüberprüfung. Wir alle haben ja unsere Themen, und oft fallen wir in die alten Muster zurück. Es ist also hilfreich, die üblichen Verdächtigungen zu überprüfen und im Geiste durchzugehen. Eifersucht, Ängste, Unsicherheit, Neid – indem wir unsere Schattenseiten beleuchten, erhellen sie sich und es kann nicht mehr aus dem Hinterhalt geschossen werden.
Vergiss nicht zu atmen. Und trau dich, deinem geliebten Kontrahenten mitzuteilen, worum es sich eigentlich dreht. Dass du gar

nicht ausgeflippt bist, weil das Geschirr nicht neben, sondern in der Spüle stand. Sondern dass du dich geärgert hast, dass er/sie mit dem Ex beim Essen war und so spät nach Hause kam. Meistens werden Scheingefechte geführt, die die Ursache verschleiern sollen. Warum? Dem Menschen, den du am meisten liebst, kannst du doch die Wahrheit sagen. Gerade ihm! Und es geht doch nicht

darum, besser zu sein oder recht zu haben. Es geht nicht darum, eine Stellung auf der Yogamatte länger zu halten als deine Nachbarin oder gerader im Kopfstand zu glänzen oder deinem Yogalehrer zu beweisen, was für eine gute Schülerin du bist. Es geht um das Eigentliche. Die Liebe und den Frieden – und dass wir alle miteinander verbunden sind.

So etwas kapiert man in der Regel nicht von heute auf morgen. Es ist ein Prozess. Als junger Mann begriff ich nach und nach, dass meine Philosophie von der Selbstverteidigung mich von anderen trennte. Denn wenn ich als Kampfsportler Selbstverteidigung trainierte, ging ich doch davon aus, angegriffen zu werden. Ich ging davon aus, dass es diese Trennung in mich und die anderen gab. Bei Gandhi las ich, dass diese Kluft nicht existieren muss. Was ja nichts anderes bedeutet, als dass niemand allein auf die Palme zu steigen braucht. Und ich erkannte, dass ich mich nicht gegen andere wehrte, sondern vielleicht gegen mich selbst: gegen meine Ängste, die ich mit Körperkraft zum Schweigen bringen wollte. Denn kräftig war ich mittlerweile, ich trainierte auch fleißig im Fitnessstudio. Man ging mir lieber aus dem Weg. Es dauerte Jahre, bis ich erkannte, dass ich mir selber auch aus dem Weg ging. Und eines Tages erübrigte sich die Kampfkunst dann für mich. Von der Selbstverteidigung hatte ich mich schon länger verabschiedet, ich machte nun mit Begeisterung Capoeira, eine brasilianische Kampfkunst, die eher ein Tanz ist.

Genau genommen ist auch Yoga eine Kampfkunst, und zwar eine Kampfkunst der Seele. Und hier gibt es nur einen einzigen Gegner: das Ego.

Heute weiß ich: Das Leben ist kein Kampf. Das Leben ist eine Party, ein Spiel. Und es wäre wunderbar, wenn alle mitspielen würden. Aber leider stehen ja immer ein paar am Spielfeldrand. Euch ruf ich zu: Kommt rein! Das Leben ist ein Paradies. Und wenn ihr euch nicht traut: Bittet euren Little Guru, euch zu begleiten.

RITUALE – VERBINDE DICH MIT DEINEM LITTLE GURU

Es gibt viele Möglichkeiten, sich mit dem Little Guru zu verbinden. Fast möchte ich schreiben: Alle Wege führen zu ihm. In der Praxis haben sich Rituale bewährt, denn ihre stete Wiederholung festigt die Bindung. Wie schon einmal erwähnt, kannst du dich deines Little Guru jederzeit durch die Atmung versichern. Indem du bewusst atmest – am besten in der tiefen Yogi-Atmung wie im ersten Kapitel beschrieben –, schickst du deinem Little Guru eine SMS. Und er antwortet dir immer.

Ich persönlich kommuniziere gleich morgens nach dem Aufwachen mit meinem Little Guru. Ich atme eine Weile in der tiefen Yogi-Atmung, und dann gehe ich in den Dialog. Was gibt es heute Wichtiges zu tun, frage ich mich selbst unter dem wohlwollenden Blick meines Little Guru. Allein dass ich ihn spüre, lässt mich das Wesentliche vom Unwichtigen trennen. Seine Gegenwart zeigt mir, worauf es ankommt. Manchmal sind meine Tage viel zu vollgepackt. Der Little Guru speckt sie ab. Und vor allem erinnert er mich daran, dass es nicht auf das Tun ankommt, sondern auf das Sein.

Ständig führen die Leute Selbstgespräche. Ich glaube, wenn man Aufnahmegeräte in den Wohnungen installiert hätte, würde man ein fortwährendes Gemurmel hören: Ich muss noch Sarah anrufen, was koche ich morgen, Mist, braucht der Computer heute wieder lang, so ein Scheißwetter ... was brabbeln wir nicht dauernd vor uns hin. Man kann sich auch mit seinem Little Guru unterhalten, dies nur mal als Tipp. Ich jedenfalls mache das. Verrückterweise ändert sich die Qualität meiner Fragen, wenn ich sie dem Little Guru stelle. Ich frage nicht: Was soll ich heute kochen? Sondern vielleicht: Wenn ich heute koche, was brauche ich dann dazu? Und vielleicht steigt dann das Wort Geduld auf.

Ich gehe mal davon aus, dass du, meine liebe Leserin, mein lieber Leser, schon ein paar Jährchen auf dem Buckel hast und dass du mit deinen Eigenheiten vertraut bist. Der eine ist eifersüchtig, die andere ungeduldig, der Nächste schüchtern, die Nächste misstrauisch. Ich nehme an, dass du deine Themen kennst, weil du wahrscheinlich dieses Buch sonst nicht lesen würdest. Und du möchtest an deinen Themen arbeiten. Du möchtest, dass dein Leben schöner wird. Das möchte dein Little Guru auch. Und wenn du dich an ihn wendest, gibt er dir vielleicht ein Wort mit – Proviant für deinen Tag. Du hast ein Vorstellungsgespräch. Er sagt: Gelassenheit. Deine Kinder werden bald mit den Zeugnissen nach Hause kom-

men. Er sagt: Liebe. Eigentlich sagt er ungefähr immer dasselbe:
Ruhe, Dankbarkeit, Zufriedenheit, Mitgefühl, Beharrlichkeit, Liebe,
Gelassenheit, Achtsamkeit, Demut, Geduld, Wahrhaftigkeit.

Viel mehr braucht es ja auch nicht, um glücklich zu sein. Diese
Begriffe sind keine Floskeln. Wenn du sie beatmest, wirst du wahre Wunder erleben, und wenn du in ihrer Energie durch deinen
Tag gehst, wirst du viel Schönes und Gutes erfahren, das du zuvor
ausgesendet hast.

Du kannst morgens, nachdem du mindestens drei Mal die tiefe
Yogi-Atmung praktiziert hast und somit mit deinem Little Guru
verbunden bist, eine Mission für diesen bevorstehenden Tag erbit-
ten und dich immer wieder daran erinnern. Ein unangenehmes
Gespräch mit einem Kollegen steht an. Das Wort *Vertrauen* breitet
sich in dir aus. Dieser Tag steht im Zeichen des Vertrauens. Und
wenn du mit diesem Wort im Bewusstsein die Tür zu dem Konfe-
renzraum öffnest, in dem das Gespräch stattfindet, sorgst du schon
dafür, dass es gut und gewaltfrei verläuft – Ahimsa.

Oder es stehen sehr viele Aufgaben an – das Zauberwort Gelassenheit kann dir dabei helfen, dich nicht zu verzetteln und im Auge

zu behalten, dass dein
Lebensglück nicht von
einem Häkchen auf dei-
ner To-do-Liste abhängt.
Und so hängst du deine
Liste gelassen an den
Haken. Morgen ist auch
noch ein Tag.

So wie du den Tag
begonnen hast, beendest
du ihn auch. Mach eine
kleine Rückschau, bevor

du einschläfst, und verbinde dich auch dazu mit deinem Little Guru. Was war heute schön, vielleicht sogar besonders schön? Es kann sein, dass dein Little Guru eine andere Meinung hat als du. Du wirst es merken. Und morgen ist ein neuer Tag. Eine neue Chance mit unzähligen Möglichkeiten, bewusst zu atmen. Du kannst dich jederzeit online atmen zu deinem Little Guru.

Manchmal fragt mich jemand, woher er/sie wüsste, dass er/sie mit dem Little Guru kommuniziert und nicht etwa mit seinem Ego. Das erkennst du sehr schnell: Mit deinem Ego diskutierst du, es unterteilt in gut oder schlecht. Der Little Guru diskutiert nicht. Er ist sofort da und zeigt wohlwollend und liebevoll auf. Also folge stets deinem ersten Impuls. Je länger du hin und her überlegst und Argumente findest und verwirfst, desto weiter entfernst du dich von der Stimme deines Herzens, die sich schnell und spontan äußert. Kopfentscheidungen mögen vernünftig sein; glücklich machen sie nicht.

Auch beim Essen kannst du deinen Little Guru einladen. Segne deine Nahrung, indem du dir bewusst machst, wie reich du bist, weil du satt werden darfst. Besinne dich vor dem ersten Bissen und fühle Dankbarkeit. Kau jeden Bissen bewusst und mach eine Pause zwischen den einzelnen Bissen. Lass deinen Mundraum ganz leer werden. Atme. Und dann nimm den nächsten Bissen. Und vielleicht lässt du ein Reiskorn oder etwas anderes übrig. Symbolisch für deinen Little Guru, an den du dich mit diesem Ritual erinnerst. Wie sehen deine Rituale aus? Was kannst du in deinem Alltag tun, um immer wieder die Verbindung zu deinem Little Guru herzustellen? Finde deinen Pfad auf dem Weg des Yoga.

YOGA-PRAXIS: AUGEN-BLICK – DRISHTI

Drishti ist eine Übung, mit der du sowohl deine Augenmuskulatur trainierst als auch deine Gedanken beruhigst und deine Aufmerksamkeit bündelst. Dies steigert deine Konzentrationsfähigkeit. Solltest du Probleme mit den Augen haben, erkundige dich bei deinem Yogalehrer, deiner Yogalehrerin oder einem Heilkundigen, ob diese Übung gut für dich ist.

Wo sich der Konzentrationspunkt befindet, ist je nach Yoga-Tradition und Situation bzw. Asana, die gelehrt wird, verschieden. Drishti kann sich auf deiner Handfläche befinden, an einem Zeh oder Finger, dem Bauchnabel, der Nasenspitze – oder einem Punkt irgendwo im Raum.

Oder du schließt die Augen und findest deinen inneren Konzentrationspunkt in der Herzgegend oder im Bauchraum – wo auch immer es für dich stimmig ist. Verweile dort und atme ruhig und tief und verbinde dich mit deinem Little Guru. Oder auch mit dem Little Guru eines ande-

ren Menschen, wozu du auf seine Nasenwurzel zwischen seinen Augen blickst.

Solltest du Schwierigkeiten damit haben, deinen inneren Konzentrationspunkt zu finden, hilft dir vielleicht die folgende Übung, Tratak, die dich ganzheitlich zur Ruhe bringt.

Tratak

Stelle in einer Entfernung von etwa einem Meter eine brennende Kerze vor dir auf. Setz dich aufrecht hin und schau dann in den hellsten Punkt der Flamme.

Nach einigen Minuten schließt du die Augen und visualisierst die Kerzenflamme vor deinem geistigen Auge. Mit einiger Übung wirst du die Flamme tatsächlich sehen. Und so wie die Flamme wirst du eines Tages vielleicht auch deinen Little Guru erkennen.

MANTRA

Das Mantra für diese Übung lautet: Om Shanti.

Das Wort Shanti stammt aus dem Sanskrit und bedeutet soviel wie Frieden, innere Stille. Dieses Mantra wird – wie das OM – häufig vor und oder auch nach einer Yogastunde meist dreimal gemeinsam gesungen.

JETZT

... ist das einzige, was zählt

Es gibt nur einen Moment in deinem Leben, und dieser Moment ist ... jetzt, genau jetzt. Erlebe diesen Augenblick so intensiv wie möglich, indem du bewusst wahrnimmst, was ist. Jetzt. Allein, dass du das erleben darfst, dieses Jetzt, ist das nicht schon ein Grund zum Glücklichsein? Alles, was geschieht, geschieht im Jetzt. Im Jetzt können wir etwas verändern und uns entscheiden. In der Vergangenheit können wir nichts verändern, und die Zukunft hat noch nicht begonnen. Jetzt läuft das Spiel. Bist du dabei?

Wo treiben sich deine Gedanken herum? Sind die auch da? Oder hauen sie ab? In die Vergangenheit, in die Zukunft. Was suchen sie dort? Das Einzige, was sich wirklich zu finden lohnt, gibt es in der Vergangenheit nicht: den Augenblick.

Was ist eigentlich so fürchterlich an diesem Jetzt, dass man dauernd davor wegrennt? Häufig zu irgendwelchen Problemen in die Vergangenheit, die man dort nicht lösen kann, weil diese Zeit vorbei ist. Wenn wir die negative Energie einer Sache weitertragen in die Gegenwart, wird sie dort wahrscheinlich auch nichts Gutes bewirken. Gelingt es jedoch, die positive Energie des Augenblicks – Ich bin da! Ich lebe! Die Vögel singen! Es regnet! Ich höre den Groove der Spülmaschine zu! Ich atme! – in eine Wiedergutmachung zu stecken, erschaffst du eine neue Vergangenheit, die besser aussieht. Ja, du hast im Jetzt die Vergangenheit geheilt oder zumindest vor weiteren Verletzungen bewahrt.

Wir verderben uns das Heute, indem wir die Sorgen von gestern einladen. Wenn wir das Jetzt versäumen würden, weil wir an das Schöne von gestern denken ... tja, das könnte man noch verstehen. Aber sich den Tag zu vermiesen mit aufgewärmten schlechten Erinnerungen? Und sich dadurch auch noch die Chance nehmen, gute neue Energien zu sammeln – das ist schwer nachvollziehbar. Und auch total unlogisch, wo doch heute so viel Wert auf Logik gelegt wird. Alles soll effizient und effektiv sein. Das ist es aber nicht, wenn man heute im Gestern rumstochert. Und schön ist es erst recht nicht.

DAS LEBEN IST
EINE SPIELWIESE

Wenn du jetzt ein Tor schießt auf diesem Spielfeld Leben, wird die Zukunft anders verlaufen. Die Zukunft, die dich in diesem Moment nicht interessiert, weil du im Jetzt bist. Ins Tor kannst du nur treffen, wenn du merkst, dass der Ball vor deinen Füßen liegt. Jetzt.

Anstatt dich umzudrehen und darüber nachzudenken, ob gestern und vorgestern Bälle vor deinen Füßen lagen, warum du sie eventuell übersehen hast, wer daran schuld gewesen sein könnte und ob du vielleicht die falschen Schuhe getragen hast. Du kannst einen Ball natürlich auch verschießen. Nicht jeder Schuss landet im Tor. Aber sogleich tun sich neue Spielzüge auf. Manchmal zählt es als Tor, wenn der Ball daneben vorbeirollt. Was man erst später merkt. Auch ein Eigentor kann einen weiterbringen! Ständig verändert sich das Spiel. Worauf du nur geschmeidig reagieren kannst, wenn du im Jetzt bleibst, nicht festhältst. Deine unendlichen Möglichkeiten wachsen kaum durch das Herumgrübeln in vergangenen Zeiten oder Eventualitäten in der Zukunft. Sie entstehen einzig und allein durch deine Präsenz im Augenblick.

Im Jetzt fließt auch die Liebe. Nicht, wenn du sie festzuhalten versuchst. Nicht, wenn du eifersüchtig bist und in der Vergangenheit herumgräbst oder Versicherungen für die Zukunft einforderst. Liebst du mich in zehn Jahren noch? Wer weiß, wo wir in zehn Jahren sind. Ob wir dann überhaupt noch da sind.

Jetzt sind wir da! Namasté!

Wann immer wir einem Menschen im Jetzt begegnen, kreieren wir einen goldenen Augenblick. Es fragt sich, warum uns dies so schwerfällt.

Da sieht eine Frau einen Mann im Nudelgang bei Tengelmann. Sie kriegt weiche Knie. Ein Hauchen im Leib: Mein Gott, ist der schön. Ein Traumtengel sozusagen.

Und was macht sie daraus? Sie denkt: Am besten, ich schau gleich wieder weg. Und das tut sie auch. Dann fällt ihr ein, dass ihre Haare nicht gewaschen sind oder sie eine unmögliche Hose trägt oder was auch immer. Oder sie erinnert sich, dass sie verheiratet ist, wenn auch unglücklich, und dass man als Mutter von vier Kindern fremden Männern bei Tengel nicht auf den Po schaut. Und so geht

er dahin, der goldene Augenblick, in dem Liebe hätte fließen können. Ausgetengelt. Wie so oft. Das Jetzt wird geradezu in Grund und
Boden gestampft von wild um sich schießenden Gedanken. Die
schleichen sich an aus der Vergangenheit, torpedieren aus U-Boo-
ten von gestern oder aus Raumschiffen von morgen. Was für ein
Höllenlärm! Da dringt die Stimme des Herzens nicht durch. Haupt-
sache, das Jetzt wird versenkt. Von wegen Schifferl versenken. Jetzt
versenken! Nachfolgend ein antiquierter Raketenabfänger, schön
und schlicht verpackt in einem Reim: *Lass los vom Gestern und
vom Morgen, und schon vergeh'n die meisten Sorgen.*
Blödsinn? Kann sein. Aber es ist mindestens genauso viel Blödsinn, heute darüber nachzudenken, warum deine Mutter vor zwanzig Jahren vielleicht dies oder jenes gemacht hat. Wohlgemerkt,
vielleicht. Zeugen gibt es keine. Stell dir mal vor, du würdest dich
falsch erinnern, scheinerinnern sozusagen. Was im Übrigen auch
bei Zeugen vor Gericht häufig der Fall ist. So opfert mancher seine
ganze schöne Gegenwart für Probleme, die vielleicht nie existiert
haben. Am Ende seines Lebens stellt ja auch so mancher fest, dass
er die Hälfte der Zeit mit der geistigen Vorwegnahme von Eventualitäten verbracht hat, die niemals eingetreten sind. Das erinnert
mich an den Witz von dem Mann, der unaufhörlich klatscht.
»Warum machst du das?«, wird er gefragt.
»Um die Fliegen zu vertreiben«, antwortet er.
»Aber da sind doch gar keine.«
»Eben. Weil ich klatsche.«

Wie viel wir unternehmen könnten, wenn wir nicht ständig damit
beschäftigt wären, das Böse oder den Kummer, die beide gar nicht
anwesend sind, zu vertreiben! Man könnte zum Beispiel mal ins
Jetzt rutschen. Sich spüren. Sonne auf der Haut und den Wind,
und dass man angenehm satt ist. In jedem Augenblick hast du die

Chance, froh zu sein. Froh zu sein bedarf es wenig, und wer froh ist, ist ein König. Auch mit Zahnweh. Weil du weißt – Ausflüge in die Zukunft sind hin und wieder gestattet –, dass du in einer Stunde einen Termin beim Zahnarzt hast. Dem Schriftsteller Mark Twain wird der Ausspruch zugeschrieben: »Natürlich interessiert mich meine Zukunft. Ich will schließlich den Rest meines Lebens darin verbringen.« Wo er recht hat, hat er recht … und der Rest schmilzt dahin, weil all die Zukunft zur Gegenwart wird – und zur Vergangenheit. Wenn man diese drei Zeiten sorgsam behandelt und darauf achtet, wann man sich wo aufhält, erntet man mehr Jetzt.

Es sind die Gedanken, die uns in die klare Suppe des Jetzt spucken. Die Gedanken locken uns weg vom Jetzt, in die Vergangenheit, in die Zukunft. Ob und Wenn und Dann und Vielleicht. Jetzt ist nicht ob und wenn und dann und vielleicht. Jetzt ist jetzt. Jetzt eben. Viele Leute beschweren sich, dass sie immer weniger Zeit haben. Und verprassen das Jetzt, indem sie es achtlos ziehen lassen. So wird das Jetzt zu einer Phase, in der das Gestern wiedergekäut und das Morgen vorweggenommen wird. Vielleicht melden sich deshalb auch immer mehr Menschen zu Yogakursen an. *Jetzt mach ich mal was für mich. Jetzt geh ich ins Yoga. Vielleicht denk ich dann nicht dauernd so einen Mist.* Ja, wir wissen es selbst, dass wir Dinge denken, die uns nicht guttun. Doch wo befindet sich der Off-Schalter? Auf der Yogamatte kannst du ihn schon mal ölen, damit er keinen Rost ansetzt und im Alltag nicht auf On einrastet und du ausrastest. Lieber Om als On!

Das erste Kapitel der Yoga-Sutras des Patanjali erinnert uns daran, die Gedanken bewusst zur Ruhe zu bringen: *Yogaś chitta vritti nirodhah.* Im Zustand des Yoga beruhigen sich alle Gedankenwellen (vritti), die im Wandelbaren des Menschen (chitta) bestehen. Wenn du nicht im Jetzt bist, trübst du deine klare Suppe. Und du kannst niemals sicher sein, dass das, was dann da drin herumschwimmt, die Wahrheit ist. Es gibt nur eine Wahrheit, und die erblüht im Augenblick. Alle deine Ideen und Vorstellungen über die Welt sind deine Ideen und Vorstellungen, und häufig münden sie in Vorurteile. Stell dir vor, du bist mit jemandem verabredet, und der kommt zu spät. Du wartest fünf Minuten, zehn Minuten, fünfzehn Minuten. Währenddessen fallen dir viele Versäumnisse ein, schlechte Erfahrungen, die du mit diesem Menschen gemacht hast. War er nicht schon öfter unzuverlässig? Hat er nicht damals seine Freundin betrogen? Hat er nicht … Und als er dann endlich kommt, bist du ihm gegenüber reserviert, wenn nicht sogar negativ eingestellt. Eigentlich braucht ihr euch gar nicht mehr zu treffen. Hättest du die Wartezeit anders verbracht, wäre das Treffen schöner verlaufen. Wie viel Jetzt ist dir verloren gegangen, weil du die Wartezeit mit negativer Energie aus der Vergangenheit aufgefüllt hast? Du hättest sie auch nutzen können, um dich mal im Café umzusehen. Zu spüren, wie du auf deinem Stuhl sitzt und wahrzunehmen, wie es in deiner Umgebung riecht. Welche Geräuschkulisse im Dampf der Espressomaschine durch den Raum zischt. Und natürlich kannst du jede Wartezeit, und hoffentlich nicht nur die, für ein Zwiegespräch mit deinem Little Guru nutzen. Er stellt alles in eine höhere Ordnung, in einen größeren Zusammenhang – und zwar schneller, als wir Menschen es zu begreifen imstande sind. Wenn die Verbindung zu deinem Little Guru steht, surfst du in Lichtgeschwindigkeit, und zwar onmind statt online.

Die meisten Menschen kennen den Begriff der selektiven Wahrnehmung. Eine Frau, die sich ein Kind wünscht, sieht nur noch schwangere Frauen und Mütter auf der Straße. Jemand, der ein bestimmtes Auto kaufen will, hat den Eindruck, es fahren ausschließlich Wagen dieser Marke herum. Wenn jemand arbeitslos ist, hört und sieht er nur noch dieses Thema. Wir alle nehmen selektiv wahr. Das sollte uns zu denken geben. Denken hat nicht nur Schattenseiten, es kann uns auch zu dem einen oder anderen Aha-Erlebnis verhelfen. So können wir erfassen, dass das, was wir denken, niemals einer allgemeingültigen Realität entspricht, sondern einzig und allein unserer Vorstellung von der Welt. In Gedanken stellen wir uns die Welt vor. Das ist aber nicht die Realität der Welt, es ist *unsere Vorstellung* von der Realität. Sobald wir uns das bewusst machen, erkennen wir, dass wir das Wesentliche übersehen, indem wir das Jetzt nicht wahrnehmen. Darüber hinaus verfestigen Gedanken Vorurteile. Wenn es gelingt, im Jetzt zu sein, ist dafür kein Platz. Da gibt es kein Vorher und auch kein Urteil. Wir sind einfach da, auch wenn es oft alles andere als einfach ist. Es wird leichter, je häufiger du es übst. Auf der Yogamatte – und in deinem Alltag.

WANN DER LITTLE GURU KOPFWEH KRIEGT

Gerade beim Yoga lernen wir, ins Jetzt zu kommen. Der Trick ist einfach. Wir konzentrieren uns so stark auf diese komischen Verrenkungen – linke Hüfte nach hinten schieben, Oberkörper nach rechts drehen, Augen nach links, nein, das andere Links, und Spannung im Beckenboden halten, Schultern entspannen, das Atmen nicht vergessen, tief und vollständig –, und das fordert uns so stark, dass wir keine Kapazitäten mehr frei haben, um vor dem Jetzt wegzulaufen. Und schwupps: Auf einmal sind wir mittendrin.
Wie oft warst du *schwupps* da in deiner letzten Yogastunde? Wenn du dich nicht erinnern kannst, ist dies ein gutes Zeichen.

Denn woher solltest du wissen, dass du da warst, wenn du wirklich da warst? Und in dem Moment, wo du darüber nachdenkst … schwupps, schon wieder ein Jetzt verpasst. Aber sei unbesorgt. Da ist ja schon das nächste. Und das nächste und das nächste …

Die meisten Menschen befinden sich auch in der Yogastunde entweder in der Vergangenheit oder in der Zukunft. Und damit machen sie sich abhängig von Gegebenheiten, die in der Sache nicht zu verändern sind, nur in unserer Einstellung dazu, sowie von Wünschen, die sich erfüllen sollen. Wann immer wir in der falschen Zeit surfen, also in der Zeit, die nicht jetzt ist, trennen wir uns vom All-eins, von der Verbundenheit mit allem und allen. Weil es genau genommen nur eine Zeit gibt: das Jetzt, wenn es überhaupt eine Zeit ist, nicht vielmehr ein Bewusstseinszustand. Und wenn dir nun der Kopf schwirrt, dann bist du wahrscheinlich im Jetzt. Versuch es selbst einmal, wenn du auf deiner Yogamatte übst und dich Gedanken überfallen an irgendetwas, was dir gerade Sorgen macht: Konzentriere dich auf deine Asana. Es wird dir nicht gelingen, in dieser Situation in die Vergangenheit oder Zukunft auszuweichen. Die Konzentration auf die Asana, die Präsenz im Augenblick, hält dich in der Gegenwart; Vergangenheit und Zukunft sind ausgeschaltet. Das funktioniert nicht, wenn die Stellung, die du praktizierst, dir zu leicht fällt. Dann driften die Gedanken schnell wieder ab. Übrigens gibt es genau genommen keine leichte Asana. Denn wenn du sie ganzheitlich ausführst, erfordert jede deine vollständige Konzentration. Auch beim bewussten tiefen Atmen ist kein Platz für Vergangenheit und Zukunft, sondern nur für die Gegenwart, in der dein Atem fließt. Und wenn er fließt, dann ist auch niemand schuld. Denn du bist es doch, die atmet. Und zwar jetzt. Und mit jedem neuen Atemzug kannst du dein Leben neu erfüllen.

Meine Eltern haben mich nicht geliebt, deshalb ist mein Leben nicht so schön, und es geht mir so oft schlecht, sagt eine vierundvierzigjährige Yogini. Ihre Nachbarin auf der Yogamatte fühlte sich nie ernst genommen, der junge Mann neben ihr hat unter seinem älteren Bruder gelitten und jemand anders unter seiner Schwester, unter dem Leistungsdruck, unter der Karriere der Eltern, der Scheidung. Und in der Schule wurde er immer gemobbt, die Lehrer haben nicht an ihn geglaubt und im Fußballverein wurde er ausgelacht.

Was hat das alles mit dem Jetzt zu tun?

»Aber ich bin doch das Resultat meiner Vergangenheit!«

»Und was kreierst du jetzt in diesem Augenblick?«

»Äh, wie?«

»Vergangenheit.«

»Aber die Vergangenheit, auf die ich mich beziehe, ist doch wichtig!«

»Wer sagt das?«

»Weil es doch meine Kindheit betrifft! Wenn da was schiefgelaufen ist, heilt das nie wieder.«

»Aha«, sage ich und wundere mich, wie ich noch aufrecht stehen kann bei der Verantwortung, die mir meine Kinder aufbürden.

Viele Menschen schieben andere vor das Jetzt. Wegen meines Mannes/meiner Kinder/meiner Kollegin kann ich nicht ... Oder sie überspringen das Jetzt. Von der Vergangenheit direkt in die Zukunft. Wenn ich erst mal einen neuen Job habe, wenn ich mal weiß, was ich beruflich mache, wenn ich Kinder habe, wenn ich einen Freund habe, wenn meine Kinder aus dem Haus sind, wenn, wenn, wenn ...

Könnte der Little Guru Kopfweh kriegen, ich schätze, dann hätte er jetzt eine Migräneattacke. Es muss ihn schmerzen, dass seine anempfohlenen Wesen sich so sehr quälen und trennen von dem Schönsten und – realistisch betrachtet – Einzigen, was zählt: das Jetzt.

EINE TEETASSE VOLLER AUGENBLICKE

Aber wie kommt man da rein in diesen schmalen Spalt des Jetzt, diesen Zwischenraum, den es eigentlich gar nicht gibt, weil er immer schon vorbei ist, und sobald man an ihn denkt, ist man nicht mehr drin. Wie wäre es mit Atmen? Und Achtsamkeit?

Unser Körper führt uns mit seinen Sinnen ins Jetzt, fast schon wie ein Strahlenmesser, ein Geiger- (oder lieber Geigen-) zähler, ein Jetzt-Wahrnehmer. Indem du dich auf einen deiner Sinne konzentrierst, öffnest du die Tür zum Jetzt.

Lies diesen Satz zu Ende, in dem ich dich bitte, für ein, zwei Minuten die Augen zu schließen und dich auf die Geräusche zu konzentrieren, die du wahrnimmst …

Willkommen zurück. Solltest du die Übung nicht gemacht haben, hast du was verpasst. Wer sich darauf eingelassen hat, wird eine faszinierende Geräuschwelt erfahren haben. Das eigene Atmen, das Brummen des Kühlschranks, eine Fliege am Fenster, das Rauschen der Stille. Alles da, im Jetzt. Du hast es wahrgenommen und nicht daran festgehalten, du hast es ziehen lassen, von Augenblick zu Augenblick.

• So wie uns die Ohren ins Jetzt locken, tun es auch unsere Augen: Wende den Blick vom Buch auf einen Gegenstand in deiner Nähe, den du vielleicht immer vor dir, aber noch nie genau betrachtet hast. Aha. So sieht er also aus, dein Küchentisch. Dein Sofabezug. Dein Zeigefinger.

- Und wenn du das nächste Mal etwas isst, nimm den Geschmack dessen wahr, was du isst und auch trinkst. Was glaubst du eigentlich, wofür du dieses lange Ding im Mund hast? Rund zehntausend Geschmacksknospen befinden sich auf deiner Zunge. Wie wäre es mit einer Pause zwischen zwei Bissen? Und einem bewussten Atemzug?

- Konzentriere dich auf die Gerüche in deiner Umgebung, und nur auf sie, am besten mit geschlossenen Augen.

- Versuche, nicht nur alle Geräusche innerhalb des Raumes wahrzunehmen, sondern auch die in der näheren Umgebung. Was dringt von draußen herein … und aus der Ferne … und von noch weiter weg … Dehn deine Sinne aus, und dann kehr auch wieder zurück in die unmittelbare Umgebung, zu dir selbst.

- Und nimm nun auch die Geräusche in deinem Inneren wahr. Hörst du dein Blut rauschen? Gurgelt dein Magen?

- Fühle in dich hinein in deinen Körper. So wie du es auf der Yogamatte vielleicht machst. Und nimm an, dass alles, wie es jetzt ist, absolut richtig ist.

- Lerne die Dinge in deinen Händen kennen, indem du sie, am besten mit geschlossenen Augen, neugierig und liebevoll verweilend untersuchst. Ein Löffel. Eine Tasse. Ein Kugelschreiber. Deine Computertastatur. Wie fühlt sie sich an, wenn du bei geschlossenen Augen deine Finger über die Tasten gleiten lässt. Anders als du vermutet hast, nicht wahr? Alles ist anders als vermutet. Überall warten Wunder auf dich. Jeder Augenblick der Achtsamkeit ist ein kleines Wunder.

Ja, meistens sind wir eher nicht im Jetzt. Doch du kannst danach streben. Es gibt kein Falsch. Dort, wo du bist, bist du richtig. Das, was geschieht, ist richtig. Das Jetzt ist immer richtig, auch wenn du es nicht verstehst, denn sobald du versuchst, es zu verstehen, bist du schon wieder herausgefallen. Jetzt und jetzt und jetzt und jetzt. Vielleicht hilft es dir, das Jetzt zu ritualisieren. Nicht nur, wenn ich mit meiner Familie und Freunden in Indien bin, genieße ich die erste Tasse Tee am Morgen auf eine besondere Art. Wir hören das Plätschern in die Tasse, wir legen unsere Hände um die Tasse und fühlen die Wärme. Wir beobachten die gekräuselte Flüssigkeit, wir

riechen das Aroma des Tees und spüren es schließlich warm und kräftig im Mund. *In thankfulness to our senses we enjoy this tea* heißt es bei der Teezeremonie im *Sri Vast Ashram*. Zwei, drei Minuten Achtsamkeit. Da wird die kleine Schale Tee ganz groß. Was für eine Freude, dass wir ihn trinken dürfen. Was für eine Freude, dass wir da sind. Alles ist gut. Jetzt.

Ich habe mir sagen lassen, dass man auch mit Kaffee eine solche Zeremonie durchführen kann. Und selbstverständlich auch mit Kaffee plus Milch. Doch wenn du dich dem Moment hingibst, wirst du irgendwann keine Milch mehr trinken wollen oder nur noch solche, deren Herkunft du kennst. So beginnen die großen Veränderungen ganz klein, in einer Schale Tee, mit einem Reiskorn oder einer Nudel, die du als Ritual für deinen Little Guru übrig lässt.

Und später vielleicht ein Fetzen Blau am wolkenverhangenen Himmel, den du betrachtest, der Duft von frischem Apfelkuchen zieht durch ein geöffnetes Fenster, *Smoke on the Water,* lange nicht mehr gehört, dröhnt aus einem vorbeifahrenden Auto, eine kalte Hundenase in der Kniekehle, das Lächeln eines Kindes hinter der rosafarbenen Kaugummiblase, das rhythmische Klacken des Druckers, Regentropfen an der Fensterscheibe ... wir sind umgeben von Schlüssellöchern ins Jetzt. Das Geheimnis liegt darin, sich auf eines zu konzentrieren, um wirklich anzukommen. Und Impulsen zu folgen, die dich ins Jetzt locken.

»Papa, schau mal der Käfer«, ruft meine kleine Tochter. Ich habe jetzt keine Nerven für Käfer. Wir sind schon viel zu spät dran. Wir müssen in den Kindergarten. Und vorher wenn möglich noch zum Tanken. Meine Tochter hat es ja auch eilig. Sie läuft kichernd vor mir weg. Ich laufe hinterher. Und auf einmal liege ich auf dem Boden. Wer hat diese Wurzel da aus dem Gras schießen lassen? Die war doch vorhin noch nicht da!
»Papa aua?«, fragt meine Kleinste besorgt.
Papa verdammt viel Aua. Papa so viel Aua, dass es ihm kurzzeitig die Luft raubt. Wär er mal besser der Einladung ins Jetzt gefolgt und hätte den Käfer beobachtet. Den er nun vielleicht nie mehr sieht. Denn so ein Käfer bleibt ja nicht stehen und wartet, bis der gnädige Herr mal Zeit hat. Der Augenblick ist vorbei, dafür schwillt der Knöchel an. Das wird schon für irgendetwas gut sein. So ist es ja oft, wenn einem etwas widerfährt, was man zuerst für eine Katastrophe hält. Und im Nachhinein betrachtet war es eine Gnade, ein Geschenk. Es bleibt uns doch sowieso nichts anders übrig, als die Dinge anzunehmen. Auch wenn wir uns manchmal zuerst dagegen sträuben. Entscheidend ist immer, was wir daraus machen.

~~~

FLICKFLACK MIT FOLGEN

~~~

Ich war Ende zwanzig und seit mehreren Jahren begeisterter Capoeirista. Mindestens zwei Mal in der Woche trainierte ich auf mittlerweile hohem Niveau, zudem besuchte ich regelmäßig ein Fitnessstudio. Dieser körperliche Ausgleich war mir wegen meines stressigen Jobs sehr wichtig. Meine Freunde und Freundinnen nannten mich Mr MTV, und einige von ihnen beneideten mich wohl auch um meine Position als Produktionsleiter. Ich war umgeben von internationalen Stars wie Michael Jackson, Rihanna, Lenny Kravitz, Eminem, Die fantastischen Vier und vielen anderen. Bei solch einer Traumbesetzung machten mir die Achtzig-Stunden-Wochen und meine karge Freizeit nichts aus – ich liebte dieses Leben, Action von morgens bis abends, von einem Event zum nächsten. Campus Invasion, Rock am Ring, European Music Award. Mr MTV on Tour. Überall schöne Frauen, interessante Menschen, geile Musik, Megaevents. Da brauchte ich den Sport, um wieder runterzukommen. Um mal nichts zu denken. Beim Training dachte ich überhaupt nichts. Ich spielte Capoeira im Jetzt, was mir allerdings erst später auffiel, als ich Yoga praktizierte und über das Jetzt philosophierte. Mein Mestre Itapua, der mich bei meiner Batizado weihte – so nennt man es im Capoeira, wenn der Krieger seine Taufe erhält und gesegnet wird –, verlieh mir den Namen Don King. Dieser Titel schmeichelte mir natürlich, und ich war frisch motiviert und trainierte in jeder freien Minute. Itapua faszinierte mich. Während sich andere vor dem Training schon mal mit virtuosen

Moves aufwärmten, saß er ruhig in einer Ecke und machte eigenartige Übungen, ehe er wild herumwirbelte wie ein Derwisch. Dieser Gegensatz interessierte mich. Ich sprach ihn darauf an. »Was machst du da vor dem Training?«

»Yoga«, antwortete er mir. »Kann ich dir empfehlen. Es zentriert dich und bringt dich in deine Kraft.«

Yoga hatte ich selbst bereits einige Male im Fitnessstudio praktiziert, wo die Übungen allerdings anders ausgesehen hatten, deutlich sportlicher, nicht so ruhig und auratisch. Ich schrieb mir eine innere Notiz, dass ich mich mehr mit Yoga beschäftigen sollte. Der Empfehlung meines Mestres wollte ich gerne folgen. Bald schon sollte ich sehr viel Zeit haben, mein ganzes Leben dem Yoga widmen. Hätte man mir das damals gesagt, ich hätte laut gelacht. Mein Ziel sah anders aus: Ich wollte selbst Mestre, Capoeira-Meister werden.

Eines Abends beim Training war ich nicht im Jetzt. Ich konzentrierte mich wohl eher darauf, gut auszusehen, eine Top-Performance hinzulegen. Beim Flickflack landete ich nicht auf meinen Händen, sondern auf dem Kopf. Ziemlich belämmert lag ich einen kurzen Moment auf dem Boden und bemühte mich dann, wieder ganz der Alte zu sein, so zu tun, als wäre das ein Klacks gewesen. Später sollte sich dieser Klacks als Knick in meiner Karriere herausstellen, zumindest als Klack, der den Schalter in meinem Leben von *Run* auf *Off* schob – und als ich erneut durchstartete, ging es nicht mehr um Run, sondern um On. Was vor allem die Verbindung zu meinem Little Guru ausmachte. Dass ich tot hätte sein können oder querschnittsgelähmt, auf die Idee kam ich in dem Moment nicht, allerdings faszinierte mich im Nachhinein die absolute Präsenz beim Aufschlag. War ich so überhaupt schon mal da gewesen – kurz bevor ich vielleicht für immer weg gewesen wäre? Mit meiner verdrehten und gestauchten Halswirbelsäule und einem doppelten Bandscheibenvorfall, wovon ich zu diesem Zeitpunkt allerdings nichts wusste, spielte ich weiter Capoeira und zog nach den Trainings wie immer mit den Jungs um die Häuser. Ich merkte zwar deutlich, dass irgendwas nicht stimmte, aber das behielt ich für mich. Ich war schließlich Don King, kein Waschlappen! Nachts im Bett konnte ich vor Schmerzen kaum schlafen. Und ging am nächsten Tag trotzdem zur Arbeit, funktionierte weiter. Das würde schon wieder werden, und schließlich gab es Schmerztabletten. Es wurde aber nicht. Nach einer Woche fragte ich einen Orthopäden um Rat. Er versuchte mich einzurenken, wonach alles noch viel schlimmer war. Ich konnte mich kaum mehr bewegen, an Capoeira war nicht mal zu denken, allein Sitzen war eine Höllenqual für mich.

»Setz dich doch mal hin, Percy«, sagten meine Kollegen, denn ab sofort stand ich nur noch, und wenn ich mich fortbewegte, dann mit Gänseschrittchen, in Bayern Hühnerdapperl genannt. Bei der Schmerztherapie bekam ich Spritzen. Sie halfen nicht. Ich sollte zur manuellen Therapie, was mich stresste, weil ich für so was keine Zeit hatte. Die Schmerzen kamen und gingen, sie verschwanden nie, obwohl ich über Monate viele Therapien probierte, von Akupunktur bis Osteopathie. Manchmal waren die Schmerzen so stark, dass ich kaum Luft bekam. Ohne Tabletten hätte ich nicht arbeiten können, und der Job war fast das Einzige, was mir geblieben war. Mein Traum vom Capoeira Mestre war gestorben. Das war sehr, sehr hart für mich. Wenn ich mir dies heute ins Gedächtnis rufe, bin ich manchmal verblüfft, dass ich das gewesen sein soll. Aber wäre ich damals nicht so gewesen, wäre ich heute nicht derjenige, der ich jetzt bin. Und wer weiß, vielleicht werde ich irgendwann staunen über den, der ich heute bin. Heute würde ich keine Schmerztabletten nehmen, sondern den Schmerz erforschen. Schmerzen sind Wegweiser für mich geworden, und wenn ich selbst nicht lesen kann, was auf dem Schild steht, bitte ich meinen Little Guru um eine Brille. So wird mir dann meistens schnell klar, worum es eigentlich geht.

DU BIST MEHR KÖRPER, ALS DU SIEHST

Schmerzen sind kein Feind, der mit Betäubung bekämpft werden muss. Man kann Schmerzen befreien, auflösen. Allerdings sollte man das an der richtigen Stelle tun, nicht nur im ersten Körper, dem physischen Körper. Sondern auch im zweiten Körper, dem Astralkörper.

Mein Meister Paramashansa Yogananda beschreibt in seinen Kommentaren zur Bhagavad Gita unsere drei Körper, denen Hüllen zugeteilt sind. Der erste Körper ist der physische Körper. Er besteht aus der Nahrungshülle, Annamaya Kosha, hier erfahren wir den körperlichen Schmerz. In der Regel spüren wir größtenteils diesen einen Körper. Ob wir Zugang zu den anderen Körpern bekommen, hängt davon ab, wie intensiv wir unsere Sinne schulen. Menschen mit hohem Bewusstsein sind in der Lage, auch den zweiten Körper, den sogenannten Astralkörper zu erkennen. Dieser wird oft als Aura bezeichnet und setzt sich zusammen aus der Energiehülle – Pranamaya Kosha –, die sich auch durch Kraft zum Ausdruck bringt. So kann es während einer Asana sein, dass dein Körper beim Übergang ins Feinstoffliche zu zittern beginnt und du das Gefühl hast, deine Kräfte schwinden. Des Weiteren gehört die Mentalhülle Manomaya Kosha zum Astralkörper, die sich oft durch geistige Herausforderungen bemerkbar macht, wobei dir innere Stimmen vorschlagen, dich nicht so sehr anzustrengen. Oder sie fragen, ob diese Asana überhaupt gut für dich ist, und davon abgesehen hast du doch schon so viel geübt – sie streuen also gern Zweifel. Dann gibt es noch die Weisheitshülle oder auch intellektuelle Hülle – Vijnanamaya Kosha –, die sich auch durch Emotionen vorbereiten kann, obwohl sie bereits die reine Wahrheit der Seele und als solche frei von Anhaftung an Emotionen ist. So kannst du während der Yoga-Praxis die Ursprünge deiner »Themen« erkennen, es können dich starke Gefühle von Freude, Wut, Trauer und vieles mehr durchströmen.

Der dritte Körper ist der kausale Körper mit der Hülle der Glückseligkeit: Anandamaya Kosha. Hier erfahren wir die klare und unbeschreibliche Einheit, Fragen transformieren sich in Antworten, das gesamte Universum wird auf einer höheren Ebene erfahren und bewegt sich doch noch im individuellen Bewusstsein. Irgendwie eins, aber dennoch gibt es die anderen. Die nächste Stufe heißt Atman – die reine Natur des Selbst. Sat (die Existenz an sich), Chit (das Bewusstsein), Ananda (die Glückseligkeit). Ich erfahre Glückseligkeit, wenn ich mir meiner Existenz bewusst bin. Das mag etwas befremdlich klingen, doch ich glaube, wenn wir nur ein wenig an dem Wunder des Jetzt schnuppern, können wir uns vorstellen, dass das umfassende Bewusstsein unserer Existenz – und die aller anderen und der ganzen Natur mit allem, was dazugehört – durchaus zur Glückseligkeit führen kann. Es ist ein bisschen so, als hätten wir keine Augen, um zu sehen, keine Nase, um zu riechen, keine Ohren, um zu hören, kurz: kein Bewusstsein dafür zu erkennen, was ist – im Jetzt. Aber das kann man ja üben, nicht wahr?

Alle und alles will glücklich sein. Doch wir streben auf unterschiedlichste Art und Weise dieses Glück an. Es schadet nicht, sich einmal darüber klar zu werden, was Glück überhaupt bedeutet. Die Yogini und der Yogi, die gern Fleißpunkte sammeln, werden jetzt wohl kaum antworten: mein neues Auto. Es kommt schließlich auf die inneren Werte an. Doch dürfen wir verlangen, dass jeder Mensch nach denselben inneren Werten strebt? Würden die fünf Yamas in die Tat umgesetzt, wäre die Welt eine bessere. Nach Glück strebt jeder. Und es ist für jeden auch genug da, in jedem Augenblick. Werde hellhörig, wenn du dich bei einem Satz oder Gedanken ertappst wie: *Wenn ich ein Kind habe, werde ich glücklich sein. Wenn ich nicht mehr in der blöden Firma arbeite, werde ich glücklich sein. Ich kann nicht glücklich sein, weil ich keinen Partner habe. Wie soll ich glücklich sein, wenn ich in einer so kleinen Wohnung lebe?*

Erkenne, dass du das Glück mit solchen Äußerungen vertreibst, und freunde dich vielleicht einmal mit dem Begriff der Zufriedenheit an. Wenn es uns gelingt, darüber hinaus einen Zustand der Zufriedenheit zu erreichen … dann werden wir auch weniger Schmerz erfahren. Seelisch und körperlich. Zufriedenheit ist dabei nicht das Ziel, sie ist der Weg.

DU BIST WENIGER KÖRPER, ALS DU GLAUBST

Wie nun aber gelingt es, den Schmerz zu befreien? Ganz einfach und wie immer: mit der Unterstützung eines Heilkundigen – mit der Hilfe des Little Guru. Wenn mich heute ein Schmerz plagt, betäube ich ihn nicht mit Tabletten, wie ich das früher gemacht habe, sondern gehe tief in ihn hinein.

In den Schmerz hineingehen? Wenn man davon wegwill?

Ja, das klingt verrückt, aber es ist der erste Schritt, den Schmerz aus dem Körper zu entfernen. Ich atme bewusst und komme zur Ruhe. Ich spüre in mich hinein, wo genau der Schmerz sitzt und wie er sich anfühlt. Zieht er, brennt er, sticht er, pocht er? Schmerz ist ja nicht gleich Schmerz, wie wir alle wissen. Es soll sogar einen süßen Schmerz geben, den man gern erträgt. Den bitteren hingegen will keiner – und muss auch keiner für immer erleiden, davon bin ich fest überzeugt, weil ich es ja selbst erlebt habe. Man hatte mir prognostiziert, dass ich ohne Bandscheibenoperation bis an mein Lebensende starke Schmerzen haben würde.

Auch den Prozess der Schmerzauflösung üben wir beim Yoga. Die eine Möglichkeit, in der Yoga-Praxis mit einer unbequemen oder auch leicht schmerzenden Stellung umzugehen, ist Kriya. Hier bleibst du nicht in der Stellung, bis sie dir angenehmer wird, sondern versuchst durch kleinste Bewegungen, die Stellung angenehm zu machen. Du weichst ein Stück zurück, um dich dann erneut in die Stellung zu vertiefen. Mit Kriya gehst du ein Thema also dynamisch an, du verharrst nicht, sondern experimentierst, ob sich durch bewusste, sanfte und leichte, zumeist kleine Bewegungen eine Änderung, ja vielleicht sogar eine Auflösung deines Schmerzes oder Themas – es kann auch seelischer Natur sein – erreichen lässt. Dies möchte ich gern am Beispiel des Kopfstandes verdeutlichen:

Im Kopfstand fängt dein Kopf beispielsweise zu drücken an, du entscheidest dich aber bewusst dafür, in der Stellung zu bleiben. Gib vielleicht mehr Druck auf die Unterarme und/oder schieb den Kopf ein wenig vor oder zurück, beweg die Schultern oder, oder, oder … Unzählige Muskeln und Sehnen sind am Kopfstand betei-

ligt. Mit allen lassen sich neue Erfahrungen kreieren, Raum und
Zeit überbrücken. Probier es selbst und staune. Du wirst darüber
hinaus feststellen, wie schnell die Zeit in einer Asana vergeht,
wenn du dich nicht auf ihr Ende konzentrierst, das du womöglich
herbeisehnst, sondern auf das Forschen in der Stellung. Der Weg
ist hier das Ziel – es geht nicht darum, irgendwo anzukommen,
also im perfekten kerzengeraden Kopfstand, sondern um das, was
du alles erlebst auf dem Weg dorthin. Wie geht es dir unterwegs,
welche Erfahrungen machst du – und wie gehst du damit um? Das
ist Kriya – eine Asana in Bewegung, meist im Atemrhythmus, im
Gegensatz zu einer klassischen Asana, bei der du nicht flexibel reagierst, sondern die Stellung hältst.

Wenn du bei einer klassischen Asana also Schmerzen bekommst,
hältst du die Stellung an jenem Punkt, wo du sie noch als bequem
bezeichnen kannst, obwohl sie schon eine leichte Herausforderung
bedeutet. Du kannst aber noch ruhig atmen. Nach einer Weile wirst
du merken, wie das Unwohlsein sich auflöst. Dann gehst du tiefer in die Stellung hinein und beginnst von vorne – bis sich dein
Schmerz in Luft auflöst wie weiße Wolken am Himmel.

In den ersten sieben Minuten in einer Asana wirst du in der Regel
auch Schmerzen erleben. Hab Vertrauen! Und identifiziere dich
nicht mit deinem physischen Körper, der den Schmerz transpor-
tiert. Du bist mehr als dieser Körper, du bist ein spirituelles Wesen.
Verbinde dich mit deinem Little Guru. Er spendet dir die Kraft und
das Licht, ruhig weiterzuatmen. So gelangst du in den folgenden
sieben Minuten in die Sphäre deines Mentalkörpers. Er wird dein
Tun in Frage stellen und dich locken, diese unbequeme Stellung
zu verlassen. Seine Argumente wollen dich in die Komfortzone
des Unbewussten zurückholen: Macht das überhaupt Sinn, was
ich hier treibe, das bringt doch nichts, ich könnte jetzt so schön zu
Hause auf dem Sofa liegen, Yoga ist doof ... und so weiter. Bleib

standhaft! Du bist nicht allein. Dein Little Guru ist bei dir. In den nächsten sieben Minuten gelangst du in die Sphäre deines Weisheitskörpers. Und genau hier findest du die Information, die deinen Schmerz auflösen kann.

Bei meinem Bandscheibenvorfall musste ich seinerzeit sehr oft durch diese jeweils sieben Minuten gehen, denn es ist ja nicht so, dass die Information, die einen befreit, oben schwappt wie der Rahm auf der Milch. Manchmal ist sie tief verborgen, und es erfordert viele Tauchgänge in den Schmerz, ehe man sie ans Licht bringt. Als ich eines Tages mein Thema entdeckte, staunte ich, weil es überhaupt nichts mit dem Bandscheibenvorfall zu tun hatte. Es hieß: Mutter.

ERSTE YOGAHILFE BEI SCHMERZEN

Wir üben auch Yoga, um uns bewusst und freiwillig auf den Umgang mit dem Schmerz vorzubereiten, der uns unbewusst und unfreiwillig konfrontiert.

Also: Wenn du Schmerzen hast, atme bewusst und leite deine Atmung, deine Energie und Konzentration dorthin, wo der Schmerz sitzt. Verweile an diesem Punkt mit deiner gesamten Aufmerksamkeit, Achtsamkeit, Liebe. Es kann sein, dass sich jetzt bereits der Schmerz löst. Oder dass dir dein Little Guru offenbart, dass du weitergehen sollst wie eben beschrieben – bis zu deinem Thema. Jemand mit Magenschmerzen kann herausfinden, dass er sich mehr

Ruhe zum Essen nehmen soll. Drei Wochen später ist sein Familienleben friedlicher, weil plötzlich alle gemeinsam am Tisch sitzen. Weitere drei Wochen später bringt er seinem Sohn das Schachspielen bei. Schöne Momente, Vater und Sohn. Es sind Kleinigkeiten, doch sein Leben ist nun runder. Dahinter steckt ein Magenschmerz, dem er auf den Grund gegangen ist.

Jemand überdehnt die Bänder im Knie. Das Thema scheint schnell gefunden. Du setzt zu selten Grenzen, du überforderst dich. Der Schmerz im Knie bleibt. Beuge dich in Dankbarkeit vor dem Leben und dem, was ist. Überprüfe auch, welchen Weg du gehst. Ist es dein Weg? Oder der deines Vaters, deiner Mutter, deines Ehepartners? Kein Wunder, dass du Schmerzen hast, wenn du einen fremden Lebensweg beschreitest.

Schmerzen im Handgelenk verweisen oft darauf, dass wir etwas festhalten, was wir eigentlich loslassen wollen, es fehlt aber der Mut. Was könnte es sein? Dein Job? Dein Ehemann? Fünf Kilo? Das Ehrenamt als Steuerberaterin bei einem gemeinnützigen Verein? Dein Image, immer locker drauf zu sein? Dein Perfektionismus?

Wenn ich heute Schmerzen habe, frage ich mich, frage ich den Little Guru: Worauf will mich dieser Schmerz aufmerksam machen? Nach meinem gescheiterten Flickflack, als ich mein ganzes Leben in einem neuen Licht sah, erkannte ich, dass ich nach einer Zukunft strebte, die aus immer mehr bestand. Mehr Geld, mehr Status, schneller, weiter höher. Und ich erkannte, dass mich dies niemals glücklich machen würde. Dass ich einer Scheinwelt auf den Leim gegangen war. Natürlich wehrte sich mein Ego. Aber es hatte wenig Chancen, denn ich hatte mit Yoga begonnen und meinen Little Guru als besten Freund an meiner Seite und in meinem Rücken, den er mir stärkte. Heute halte ich meine Bruchlandung für ein großes Glück, denn sie hat mir den Weg zu meinem jetzigen Leben gewiesen.

POWER-YOGA

Eine zukunftsweisende Begegnung mit Yoga hatte ich kurz vor meinem missglückten Flickflack, sodass ich mich später fragte, ob das wirklich Zufall gewesen sein sollte. Denn ich hatte mich – auf Empfehlung einer Kollegin – in einer Masterclass von Bryan Kest, dem Begründer des Power-Yoga angemeldet. Schließlich praktizierte mein Mestre im Capoeira-Yoga. Und Mestre wollte ich zu diesem Zeitpunkt ja werden. Aber wenn schon Yoga, dann richtig, hatte ich mir gesagt. Yoga stand damals im Ruf, vor allem von Hausfrauen praktiziert zu werden. »Na, hast du dich wieder unter die Hausfrauen gelegt?«, ulkten die Kollegen nach meinem Bandscheibenvorfall, wenn sie frisch vom Sport beim Sender einliefen. Oder sie spotteten gutmütig: »Ich wusste gar nicht, dass man vom Om-Singen Muckis kriegt.« Nein, das war mir ehrlich gesagt auch neu.

Als ich mich für den Workshop bei Bryan Kest anmeldete, hatte ich noch nicht mal eine eigene Yogamatte. Ich praktizierte auf denen vom Fitnessstudio. Wieso sollte ich mir eine Yogamatte zulegen, wenn ich Yoga nicht besonders ernst nahm, eher als leichtes Dehnprogramm zur Unterstützung meines Fitness-Work-outs sah? Ich kam pünktlich zu dem Workshop bei Bryan Kest, die Teilnehmer, es waren an die siebzig, gingen schon in den Yogaraum. Und alle hatten ihre eigene Matte. Sollte ich mich jetzt durchwühlen, um mir irgendwo eine Matte zu organisieren? Ich sprang in den Shop und kaufte mir meine erste eigene Matte. Das ging ruck, zuck, da es damals nur eine einzige Sorte gab. Darauf war nicht mal ein Logo geprägt. Ich musste mich lediglich für eine Farbe entscheiden und wählte ein Bordeauxrot. Dem bin ich treu geblieben, mein Yogastudio ist auch in diesem Farbton gehalten.

Heute gibt es bald mehr Matten als Asanas. Unzählige Firmen kämpfen auf dem lukrativen Yogamarkt um Boden. Die Werbung kann sehr erheiternd sein. Irgendwann wird eine Firma auf die Idee kommen, kleine Lämpchen in die Matte einzubauen, um behaupten zu können: Auf dieser Matte gelangen Sie zur Erleuchtung. Ich selbst übe bis heute am liebsten ohne Matte auf dem blanken Boden, gern im Freien auf der Erde oder auf einem Sub-Board auf dem Wasser. Und wenn ich meine Matte dennoch vor den Yoginis und Yogis ausrolle, dann ist sie eher ein Platzhalter. Man sieht, der Lehrer ist da. Meistens übe ich neben ihr.

Heutzutage sind viele Matten übrigens so extrem rutschfest, dass das die Gelenke schädigen kann. Denn wenn man falsch steht, wäre eine Matte, die nachgibt, besser als eine, die durch ihre Starrheit einen falschen Stand geradezu betoniert.

Wie auch immer: Als ich meine erste eigene Matte in der Masterclass ausrollte, sah ich mich umgeben von sexy Ladys, egal ob Hausfrauen, Businesswomen und Mamas oder alles zusammen. Männer waren kaum anwesend. Das war also mein Job hier. Gute Figur machen. Nichts leichter als das! Bryan Kest war ein charismatischer, attraktiver, braun gebrannter Amerikaner, der mir auf den ersten Blick sympathisch war und ganz anders aussah, als ich mir einen Yoga-Guru vorgestellt hatte. Mein Bild war eher das einer weiß gekleideten ausgemergelten Gestalt mit einem Turban gewesen, die auf einem Nagelbett schlief.

Er sprach einige Worte, einige Worte mehr – und hörte nicht mehr auf zu reden. Ich war genervt. Für Gequatsche war ich nicht hier. Ich wollte powern. Doch der Typ redete und redete und redete. Konnten wir jetzt vielleicht dann mal anfangen? Nach drei Stunden, in denen ich von einer Pobacke auf die andere rutschte, ging es mit den Asanas los. Innerhalb weniger Minuten musste ich feststellen, dass ich weder mit den Muttis noch Hausfrauen noch mit den sexy Ladys um mich herum mithalten konnte, mit Abstand nicht, obwohl ich doch so topfit war. Ich musste mir eingestehen, dass meine Fitness ein Loch hatte. Ein riesengroßes. Vorne erklärte Bryan Kest charmant: »Wenn du wahrhaftige Fitness erfahren willst, musst du Yoga praktizieren.« Es sah so aus, als hätte der Mann recht.

Nach diesem Masterkurs hatte ich eine Woche lang einen Muskelkater wie noch nie in meinem Leben und Muskelgruppen entdeckt, von deren Existenz ich vorher nichts geahnt hatte. Trotzdem war ich sensationell guter Laune.

Ein Kollege nahm mich beiseite und fragte mich »Was hast'n du eingepfiffen?«

»Yoga«, erwiderte ich.

»Muss ja ein ziemlicher Hammer sein.«

»Der Oberhammer«, nickte ich. Mein Little Guru grinste wahrscheinlich breit. Denn nun waren wir wieder eng verbunden, er und ich. Lang hatte es gedauert. Endlich war ich erweckt oder angesteckt. Und dann dauerte es nicht mehr lange, bis mein Herz für Yoga brannte. Und für die Wahrhaftigkeit. Ich hatte mir endlich die richtigen Fragen gestellt: Wenn ich jetzt schon, nach ein bisschen Yoga, so gut drauf, ja geradezu glücklich bin – wie ist es dann bestellt um mein bisheriges Leben? Was habe ich falsch gemacht, obwohl ich doch, oberflächlich betrachtet, alles richtig gemacht habe? Ich hatte eine neue Perspektive gewonnen. Was ist Erfolg wert, wenn er nicht deinen Herzenswunsch verwirklicht? Ist meine Karriere in der Oberliga der Musikindustrie mein Herzenswunsch? Bin ich wahrhaftig in meinem Leben? Was will ich wirklich? Wohin zieht es mich? Mein Herz kannte den Weg.

SATYA – SEI WAHRHAFTIG

Wahrhaftigkeit gehört zu den fünf Yamas, die in den Sutras von
Patanjali niedergeschrieben sind. Satya bedeutet: Wahrhaftigkeit in
Gedanken, Worten und Taten. Und zwar nicht nur anderen gegenüber, sondern und vor allem auch sich selbst. Dazu ist es erforder-
lich, einen guten Umgang mit Kritik zu pflegen und gleichzeitig
die Selbstkritik, die man ja auch kritisieren könnte, nicht zu über-
treiben. Viele Yoginis und Yogis sind sehr streng mit sich, was
schade ist, da Yoga das Leben feiert, nicht kasteit. Der Anspruch
der Wahrheit, die in Satya gefordert wird, meint jedoch nicht, dass
man überall und immer einfach losplappert, was einem durch den
Kopf geht. Wahrhaftigkeit ist kein Geplapper, sie wird gründlich
geprüft, ehe sie ausgesprochen wird. Eine Handlung wird auf ihre
Wahrhaftigkeit überprüft, ehe sie vollzogen wird. Und dabei gilt
das oberste Prinzip, dass diese Wahrhaftigkeit keinen anderen verletzt. Du merkst schon, dass es nicht damit getan ist, einfach mal
laut zu sagen, was man normalerweise leise denkt. Alles, was du
denkst und tust, sollte den Filter der Wahrhaftigkeit durchlaufen.
Ein hohes Ziel, ich weiß. Aber es verlangt ja auch keiner, dass es
bis morgen Mittag um zwölf verwirklicht ist. Wir sind auf dem
Weg, alle miteinander.
Mir gefällt die Geschichte aus dem Buddhismus, in der ein Schüler seinen Meister fragt: »Meister, wie setze ich Erleuchtung im
Alltag um?«
Der Meister antwortet: »Indem du isst und schläfst.«

»Aber jeder isst und schläft doch«, entgegnet der Schüler.

»Ja, aber nicht jeder isst, wenn er isst, und nicht jeder schläft, wenn er schläft.«

Damit ist gemeint, sich der Handlung in einem gegenwärtigen Moment völlig hinzugeben, ganz im Jetzt verwurzelt und absolut präsent zu sein, ohne sich von was auch immer ablenken zu lassen. Wahrhaftig bei der Sache, wahrhaftig bei dir selbst.

In meiner letzten Zeit bei MTV war ich davon weit entfernt. Ich identifizierte mich nicht mehr mit meinem Job. Jetzt mal ehrlich, sagte ich zu mir selbst. Ich habe keinen Bock auf Rock am Ring. Keinen Bock darauf, bei schönem Wetter im Büro zu sitzen. Ich wollte der Stimme meines Herzens folgen. Ich wollte nicht für Geld arbeiten, sondern als Ausdruck meiner Selbstbestimmung einen Beitrag leisten für das Gemeinwohl.

Fang klein an, sagte ich zu mir. Das hatte ich ja inzwischen gelernt, leider schmerzhaft. *Sei wahrhaftig in deinen Worten.* Wie sprach ich mit anderen? Sagte ich, was ich dachte? Und wenn nicht, warum nicht? Weil ich Schlechtes dachte. Der Gedanke ist die Wurzel des Gesprochenen, und die Wurzel der Realität ist das, was wir vorher aussprechen – eine selbst erfüllende Prophezeiung. *Sei wahrhaftig in deinen Gedanken.* Da taten sich eine Menge Baustellen auf! Nun war ich im Job beispielsweise kein Schleimer, aber auch ich sagte manchmal etwas, von dem ich annahm, dass zum Beispiel meine Vorgesetzten es gern hören wollten. Denen schmierte ich nicht unbedingt aufs Brot, wenn ich keinen Bock auf Rock am Ring hatte. Denn es ging doch darum, den Job zu behalten. Tatsächlich? Geht es darum? Geht es nicht vielmehr darum, sich selbst zu behalten? Ist das nicht deutlich wichtiger, als auf einen Job zu beharren, den man vielleicht gar nicht mag, als Leuten zu schmeicheln, die einem egal sind, als Geld zu verdienen, das man eigentlich gar nicht braucht? Klar kann man Geld immer gebrauchen. Man kann es sparen für später. Und das Jetzt verpassen. Wie viel Geld ist genug Geld? Wie viel Geld brauchte ich eigentlich? Was hatte die Jagd nach Geld mit mir zu tun? Ich erkannte: nichts. Als die Wahrhaftigkeit einzog in mein Leben, wurde ich erst mal still. Ich redete nicht mehr einfach drauflos, ich nahm mir Pausen, um zu überprüfen, was ich sagen wollte und wie sich das mit meinem Anspruch auf Wahrhaftigkeit vertrug. Ich habe manchmal bestimmt einen komischen Eindruck hinterlassen, wenn ich nach innen lauschte, um die Stimme meines Little Guru zu hören, der die Wahrhaftigkeit so gut wie jeder andere Little Guru kennt.

Obwohl ich mit meinen Chefs und Kolleginnen und Kollegen großes Glück hatte und die Firma für viele wie eine Familie war, fühlte ich mich innerlich zerrissen. Nach der harten Landung beim Flickflack, nach Monaten des Schmerzes und Hinterfragens, nach meiner Beschäftigung mit Yoga und seiner Philosophie – ich las fast nur noch die Schriften des Yoga – konnte ich nicht mehr bei MTV bleiben. Ich hätte mich selbst verraten, wenn ich geblieben wäre. Jetzt endlich hatte ich den Ruf des Little Guru vernommen. Ich musste ihm folgen. Ich kündigte.

»Brauchst du mehr Geld?«, fragte mein Chef.

»Nein, ich brauche gar kein Geld mehr.«

Er lachte. »An wie viel hast du gedacht?«

»An gar kein Geld. Ich will frei sein.«

Er riss die Augen auf. »Frei sein?« Dann grinste er »Du mit deinem Weltverbesserungstick! So läuft die Sache nicht. Um die Welt zu verändern, brauchst du Geld. Also mach keinen Schmarrn und bleib bei uns.«

Ich schüttelte den Kopf.

»Hast du schon was Neues?«

»Nein.«

»Wie, nein?«

»Nein«, wiederholte ich.

»Und was willst du jetzt machen?«

»Es wird sich was finden. Yogalehrer vielleicht?«

»Du spinnst!«

»Gern«, grinste ich.

Ist es nicht seltsam, dass wir als verrückt eingestuft werden, wenn wir das tun, was uns glücklich macht? Müssten nicht all diejenigen als verrückt gelten, die ihr Leben so leben, wie sie es sich nicht vorgestellt haben? Die in Jobs arbeiten, die sie hassen, in Beziehungen verharren, die sie verzweifeln lassen, deren Lebensumstände so anders sind, als sie es sich wünschen.

Wer hindert uns? Wer hindert dich? Und sagt jetzt bitte nicht: die Umstände. Denn wer ist schließlich für die Umstände verantwortlich?

Wahrhaftigkeit ist der Schlüssel zu deinem Lebensglück. Wenn du dein Leben wahrhaftig gestaltest, lebst du *dein* Leben. Nicht das Leben, das deine Eltern für dich ausgesucht haben; das Leben, von dem du glaubst, dass es von dir erwartet wird. Es ist kurios, wie schwierig es ist, das ureigene Wollen herauszufiltern aus all dem, was man meint, wollen zu sollen, weil alle es wollen, angeblich. Ich selbst habe auch lange Zeit gemutmaßt, dass mein Leben genau so ist, wie ich es will. Meine Karriere bei einem Weltsender imponierte meinen Freunden und Freundinnen. Meine Eltern waren stolz auf mich. Ich war Mr MTV. Nur diese leise innere Stimme fiel nicht in den Applaus ein. Diese innere Stimme, die nie ein Mikro brauchte und doch unüberhörbar war, weil sie mir immer wieder sagte, dass Mr MTV nicht der Titel war, der mich glücklich machen würde. Da kann man sich schon mal einsam fühlen. Schließlich widerspricht man damit allen Regeln der Gesellschaft. Aber wer sagt denn, dass das Leben in der Mehrheit das richtige ist? Dass es so viel Mut braucht, der Mehrheit zu widerstehen, ist schon erstaunlich. Aber es gehört wohl zum Bausatz Mensch, den wir im Übrigen tunen können – zum Beispiel mit Yoga. Yoga führt uns auf unseren persönlichen Weg der Wahrhaftigkeit und alle miteinander in ein friedvolles Zusammenleben. Yoga lehrt uns auch, wie wir damit umgehen, wenn wir andere enttäuschen. Denn das kann durchaus geschehen, sobald wir uns auf den Weg der Wahrhaftigkeit begeben. Wir erfüllen nicht mehr die Vorstellungen anderer, die sich vielleicht von uns abwenden. Doch was ist leichter zu ertragen? Wenn du selbst dich von dir abwendest oder die anderen? Mit wem bist du bis an dein Lebensende zusammen? Genau, mit dir selbst. Wäre es nicht das höchste Ziel, friedlich zusammenzuleben? Und sind andere, die nicht wollen, dass es dir gut geht, dir wirklich wohlgesinnt? Ja, es erfordert Mut, genau hinzusehen, doch was du gewinnen kannst, ist das größte Geschenk überhaupt: ein selbstbestimmtes Leben. Und so kannst du auch dich selbst fragen, ob du die Absicht anderer Menschen, die nach Wahrhaftigkeit streben, unterstützt oder boykottierst. Es sind nicht nur immer die anderen. Oft genug sind wir selbst es, die genau das zu lernen haben, was wir für uns bei anderen in Anspruch nehmen. Hör dir besonders aufmerksam zu, wenn du nachplapperst, was man dir vorgesagt hat. Oder was du als Kind von deinen Eltern hörtest.

Man kündigt keinen Job, wenn man noch keinen neuen hat.

Man tut immer seine Pflicht.

Man fragt die Erwachsenen, ob man vom Tisch aufstehen darf.

Man versorgt als Mann seine Familie.

Man ist sich treu, bis dass der Tod einen scheidet.

Man sagt nicht, was man denkt.

Und wenn aber doch?

Dann laufen die anderen davon?

Es bleiben aber auch welche stehen. Das sind jene Menschen, mit denen du vertrauensvoll weitergehen kannst auf deinem Lebensweg.

Sei hellhörig bei Sätzen, die mit muss beginnen. Hinterfrag diese Sätze erst recht. Es kann schon sein, dass irgendetwas sein muss beziehungsweise müsste. Doch die Realität sieht meistens anders aus, und du fährst besser damit, wenn du dich ihr geschmeidig und liebevoll in Achtsamkeit anpasst. Das bedeutet auch, dass sich deine eigene Meinung ändern kann. Ich war eine Weile gern Produktionsleiter, sehr gern sogar. Heute bin ich gern Yogalehrer. Wäre ich Politiker, würde man mir das vorwerfen: aber vor fünfzehn Jahren haben Sie doch dies und jenes vertreten. Ja, und heute finde ich etwas anderes wichtiger. Wie können wir denjenigen für einen starken Charakter halten, der sich nie verändert? Der sich nie entwickelt – abgesehen von den Grundwerten, bei denen es darum geht, sie zu bewahren. Zum Beispiel, Korruption zu widerstehen. Wage es, deine Wahrheiten zu überprüfen. Nicht einmal: Ist das die Frau für den Rest meines Lebens? Ist das mein Traumjob bis zur Rente? Sondern öfter, zwischendurch, und nicht allein in den großen Lebensfragen, sondern auch in den kleinen. Entspricht dies oder jenes noch immer deinem Wesen oder hat sich etwas geändert?

Wohne ich wirklich lieber in der Stadt? Auf dem Land. Spiele ich dieses Instrument wirklich noch gern? Ist es wirklich unvorstellbar für mich, auf Fleisch zu verzichten? Bleib geschmeidig und lebendig! Das einzig Beständige in deinem Leben ist die Veränderung. Heiße den Wandel willkommen und schlag ihm nicht die Tür vor der Nase zu mit einem Nein. Ich weiß, dass es nicht nur Mut kostet, die Komfortzone zu verlassen. Es ist auch anstrengend. Und spannend. Trau dich!

NEIN IST KEINE YOGASTELLUNG

Hör dir bitte mal selbst einen Tag lang zu, wie oft du in Negationen sprichst. Du fragst jemanden: Geht es dir nicht gut? Du versicherst dich: Das ist schiefgelaufen, oder? Du möchtest etwas erreichen und formulierst vorsichtig: Es ist dir nicht recht, wenn ich heute Abend mit Luna ins Kino gehe, oder? Jemand macht dir ein Kompliment, aber du nimmst es nicht an, sondern sagst: »Nein, nein, das wirkt nur so.« Hör dir gut zu, wie viel Gutes du selbst ausschließt und zurückweist. Obwohl du vielleicht innerlich zustimmst. Wie steht es hier um deine Wahrhaftigkeit? Zu der im Übrigen auch gehört, dass andere Menschen eine andere Wahrhaftigkeit leben als du, wenn auch nicht in ihren Grundwerten, so doch in ihren Vorstellungen von einem guten Leben. Wieso sagst du Nein dazu? Solltest du nicht Ja sagen? Wie schön, dass ein anderer seinen Weg gefunden hat!

Sei dir auch bewusst, dass du mit Negationen ausdrückst, was du eigentlich verhindern willst. Und vor allem verschleierst du, was du wirklich willst. Was ist aber nun so schlimm daran, das offen zuzugeben? Ja, die meisten Menschen haben Angst vor Zurückweisung. Enttäuschungsprophylaxe nennt man das daraus resultierende Verhalten. Wenn ich nichts verlange, kann mir auch niemand etwas abschlagen. Hey! Steh ein für dich und deine Wünsche, deine Ziele. Und wenn du mal was abgeschlagen bekommst – na und? Üb den Baum auf der Yogamatte. Steh fest und sicher. Verwurzle dich. Warte kurz und schau, ob und warum du das Gewünschte wirklich willst. Versuch dich in den anderen hineinzuversetzen, falls es einen anderen gibt, der dir das Gewünschte verweigern kann. Womöglich sieht die Sache aus seiner Perspektive anders aus? Und auch du darfst Bitten ablehnen und anderer Meinung sein. Solange du wahrhaftig bist, kann dir nichts geschehen. Es gibt keinen schlimmeren Verlust als den, das eigene Leben verpasst zu haben.

Trau dich auszusprechen, was du willst. Formuliere deine Botschaften positiv, denn was du aussendest, kehrt zu dir zurück. Du bist nicht egoistisch, wenn du mit-teilst (!), was du willst. Ganz im Gegenteil: Die Menschen um dich herum können dich besser kennenlernen. Was man einschätzen kann, macht einem keine Angst. So bildet sich Vertrauen. Außerdem liegt es nicht in deiner Verantwortung, wie andere auf dich reagieren. Und davon abgesehen: Der direkte Weg spart immer eine Menge Zeit, in der du beispielsweise Yoga praktizieren kannst.

Nimm dir ruhig ein Beispiel an kleinen Kindern. Sie haben meist eine Flatrate und sind ständig online mit ihrem Little Guru. Die wollen nicht irgendein Eis, die wissen ganz genau, welches Eis sie jetzt wollen. Und deshalb kriegen sie es dann auch. Na ja, meistens.

Verwandle »Ich möchte nicht, dass du zu spät kommst« in »Bitte sei pünktlich«.

Verwandle »Ich glaube nicht, dass ich Zeit habe, das zu tun« in »Ich möchte dies oder jenes tun«.

Verwandle »Irgendwie bin ich in meinem Job nicht so glücklich« in »Was kann ich tun, damit mir mein Job besser gefällt?«.

Sei achtsam, wenn du dich in Negationen sprechen hörst! Und suche Antworten an Stellen, wo du sie vielleicht noch nie gesucht hast. Ein guter Ort für Antworten ist übrigens die Yogamatte. Alles, was du hier übst, bewährt sich früher oder später im Alltag. Je intensiver du dich selbst auf deiner Yogamatte forderst, umso stärker wirst du bei Herausforderungen des Alltags sein. Und wann immer du nicht weiterweißt, bitte deinen Little Guru um Rat. Er ist an deiner Seite, um die Wahrheiten zu finden, die dich zur Wahrhaftigkeit geleiten.

Und wenn du jemanden beneidest, weil er etwas hat, was du gern hättest: Frag doch mal, ob er oder sie es dir leiht. Du willst gern einen Porsche Carrera fahren und dein Nachbar hat einen: Na, dann nichts wie hin! Frag ihn aber nicht von Neid zerfressen. Dann könntest du wahrscheinlich gar nicht fragen, weil du dir den Neid ja nicht anmerken lassen wollen würdest. Frag mit den strahlenden Augen eines Kindes. Lass dir die Autoschlüssel geben, dreh eine Runde, und du hast dir einen Wunsch erfüllt. Denn das war doch dein Wunsch, oder, mal Porsche fahren. Von Besitzen war nicht die Rede. Du fährst womöglich auch besser damit, da Besitz viele Verpflichtungen mit sich bringt. Danke also, Nachbar, und klar: Ich leere deinen Briefkasten, wenn du nächste Woche im Urlaub bist. Beginne heute damit, deine Zukunft zu gestalten, die morgen dein Jetzt sein wird. Und wage es, in die Tiefe zu gehen und deine

Ängste zu benennen. Was wir benennen können, das müssen wir nicht mehr fürchten. Du bist unzufrieden in deinem Job, aber du sagst es nicht direkt. Weil du Angst hast – ob du noch mal einen Job findest? Und die Kollegen sind ja ganz nett. Vielleicht machst du alles noch viel schlimmer. Ja, vielleicht. Aber du kannst jederzeit gehen. Du bist frei.

Du möchtest deinen Mann verlassen, aber das geht nicht wegen der Kinder. Sag doch mal, wie es ist: Mein Leben, wie es jetzt ist, gefällt mir nicht. Ich möchte ein schöneres Leben. Und dann schau genau hin: Was kannst du tun, damit dein Leben *mit* dem Mann und den Kindern schöner wird? Und sag nicht, dass dir das Geld fehlt. Lass dir deine Lebensfreude nicht davon rauben, dass du glaubst, nicht genug Geld zu haben!

Ich war einmal mit einer Freundin in der Stadt unterwegs. Wir hatten beide gute Laune, es war ein strahlender Sommertag. Bis zu dem Augenblick, als sie die Bank sah und mal schnell eben ihre Kontoauszüge aus dem Drucker ließ und dann sah, dass ihr Konto im Minus war. Es hatte sich eigentlich nichts verändert. Die Sonne schien noch immer, und das Minus war ja schon vorher auf dem Konto gewesen, seit Stunden, vielleicht seit Tagen. Aber jetzt verdarb es ihr den Tag, und der war dann nicht mehr schön. Eine Zahl auf einem Papier hatte die Kraft, das Jetzt zu verderben, das vorher so reich gewesen war. Obwohl die Zahl die ganze Zeit schon da gestanden hatte, wenn auch im Kontoauszugsdrucker eingesperrt.

Wenn wir satt sind, wenn wir ein Dach über dem Kopf haben, wenn unsere Grundbedürfnisse erfüllt sind oder auch nicht, kann uns Geldmangel das Leben nicht zerstören. Wir selbst sind es. Weil wir dem Geldmangel eine Bedeutung geben, die er nicht hat. Und was ist das überhaupt, Geldmangel. Wie viel ist genug? Frag hundert Leute und du erhältst hundert Antworten. Ja, frag sie wirklich.

Hinterfrage, was ich behaupte, so kommst du zu deiner eigenen Wahrheit. Wahrheit ist individuell. Doch wo sie die Bedürfnisse unserer Erde betrifft, wird sie zu einer kollektiven Wahrheit. Und dies kann zu einer Berufung führen.

Es ist mir bewusst, dass das in unserer heutigen Zeit immer schwieriger erscheint, weil es so viele Verlockungen und Ablenkungen gibt. Je mehr Möglichkeiten man hat, umso schwieriger wird die Wahl. Und auch die Anforderungen werden immer härter. Neulich erzählte mir ein junger Mann von seinem Berufswunsch. Er wollte Entwicklungshelfer werden, unbedingt! Seine Augen leuchteten. Er wollte Häuser bauen und Brunnen graben, er wollte Kindern Englisch beibringen und wie man mit Computern umgeht. Leider wurde dann nichts daraus. Er hätte erst studieren müssen, und dazu fehlte ihm das Abi. Andere suchen bis zur Rente nach ihrer Berufung. Es ist total in, einen Job zu haben, in dem man sich verwirklicht. Irgendwas mit Medien am liebsten. Und viel Geld will man dabei verdienen. Hängematten im Büro wären auch super. Gibt es ja bei manchen Firmen. Ist also die Hängematte ein Kriterium für Wahrhaftigkeit? Im Grunde genommen ist es ganz einfach, die Wahrhaftigkeit aufzuspüren. Wenn du fühlst, dass das, was du tust, dich berührt, bewegt – dann bist du auf einem guten Weg. Wenn du das, womit du dein Geld verdienst, auch tun würdest, wenn du kein Geld dafür bekommen würdest oder schon genug hast, einfach, weil du es gerne tust oder sogar liebst, es zu tun, dann bist du auf einem sehr guten Weg.

Und wovon soll ich dann leben?

Ich weiß, dass es abgedroschen klingt, aber ganz klar: Den ersten Schritt musst du selbst tun. Vorher gibt es keine Sicherheit. Die gibt es ja sowieso nie. Und es gibt nicht mal eine Garantie, dass du auf ein rasches Happy End zusteuerst, wenn du diesen ersten Schritt getan hast. Aber du hast ihn dann getan, und dies zeigt, dass du mutig bist, dem Mainstream zu trotzen und dich auf den Weg der Wahrhaftigkeit zu begeben. Ich bin überzeugt davon, dass für alle gut gesorgt wird, die hier unterwegs sind, auch wenn wir selbst das vielleicht erst nach einer Weile erfahren. Die Belohnung trifft nicht unbedingt auf den ersten Kilometern ein. Zur Wahrhaftigkeit gelangst du mit Beharrlichkeit oder durch Fügung. Eines Tages wird dich dieses wunderbare Gefühl überkommen, dass du da, wo du bist, genau am richtigen Ort bist und immer zur richtigen Zeit im Jetzt, verbunden mit allem und allen. Und dass du genau so, wie du bist, perfekt bist, wie alles andere und wie alle anderen. Willkommen in deinem Leben. Ja, der Weg ist nicht leicht, häufig müssen steinige Etappen bewältigt werden. Denn oft wird man in eine Umgebung hineingeboren, zu der man sich nicht zugehörig fühlt, um zu erkennen, wo man hingehört.

Das Lebensglück ist der Lohn für diese Mühen. Es gibt kaum etwas Beglückenderes, als zu wissen, zu spüren, dass man seine Bestimmung lebt und mit sich und seiner Umgebung im Einklang ist. Und dass das eigene Handeln wahrhaftig und selbstbestimmt ist.

EGO UND ICH

Aber woher weiß man nun wirklich und garantiert, ob das, was man tun möchte, einem entspricht? Denn ist es nicht so, dass das Ego da auch noch ein Wörtchen mitzureden hat? Und angeblich kann sich das Ego doch prima tarnen, sodass man gar nicht merkt, dass man in seinen Fängen ist.

Das Ego ist ja mittlerweile das Schreckgespenst in der spirituellen Szene. Ungefähr so wie der Teufel bei den Katholiken. Böses Ego. Musst du austreiben, transformieren oder töten. Ego-Killer.

Sagt wer?

Womöglich dein Ego, das gerade in einem Agententhriller mitspielt? Wer sagt denn, dass du nur eins hast? Stell dir vor, es wären mehrere, und sie benutzen dich, um sich gegenseitig zu eliminieren. Spion, Gegenspion, undercover. Blöd gelaufen. Ja, die Geschichte mit den Egos ist kompliziert. Vielleicht sollten wir das Ego erst mal verorten, ehe wir es verhaften.

Stell dir vor, du bist eine Firma. Die Chefin dieser Firma ist deine Seele. Dein Körper ist der Firmenwagen. Hier sitzt hinter dem Steuer dein Ego in Gestalt eines Chauffeurs. Dein Ego liebt es, Auto zu fahren. Am liebsten mit ganz dicken Schlitten, damit die Leute am Straßenrand stehen bleiben und sich zuraunen: Das muss ja ein reicher Kerl sein, wenn er mit so 'ner Limo durch die Gegend düst. Und wohin der fährt! Gourmetrestaurants, Sternehotels, VIP-Lounge.

»Alles in Ordnung?«, fragt die Seele.

»Klaro, Chefin. Alles bestens, ich kenn mich aus. Kannst ruhig weitermeditieren, Chefin.«

Die Seele möchte vertrauen und widmet sich ihrer Kontemplation oder schon mal ihrem Hobby. Sie legt gern Patiencen. Sie mag es, wenn etwas aufgeht. Das Ego möchte, dass die Chefin eingelullt ist. So wie Politiker es auch mit ihrem Volk halten, Stichwort Brot und Spiele. Ich geb dir was zur Beschäftigung, damit du abgelenkt bist und nicht mitkriegst, wohin wir fahren, und dich womöglich noch einmischen willst.

Einmischen ist nicht so das Ding der Seele. Wobei sie das natürlich früher oder später doch tut. Aber oft ist es dann schon fast zu spät, und sie hat keine anderen Mittel mehr, als sich mit einer Krankheit Gehör zu verschaffen. Das Ego lässt sich davon nicht aufhalten. Es geht ihm um Macht und um Kontrolle. Das Ego will alle Fäden in der Hand halten. Und deshalb, so sagen viele, müsse man das Ego in sich töten. Ich sage, dass das gegen Ahimsa, die Gewaltlosigkeit verstößt, und schlage vor: Befreunde dich mit deinem Ego. Es könnte ein Verwandter deines Little Guru sein. Wer blickt bei den spirituellen Ahnentafeln schon durch? Also, ich möchte diesbezüglich keine Fehler machen. Womöglich ist der Little Guru der Erstgeborene und das Ego der Zweitgeborene, was dem Ego nicht gefällt, weshalb es alles versucht, um den Little Guru aus dem Rennen zu schubsen.

Der Little Guru weiß, dass er gewinnt, wenn es das Wort »gewinnen« überhaupt in seinem Wortschatz gibt. Denn er ist das Jetzt und die Wahrheit und die allumfassende Liebe. Das Ego glaubt, dass es gewinnen könnte, und versucht es auf seine Art und Weise mit Macht und Kontrolle. Doch den Little Guru kannst du nicht kontrollieren. Und wenn du mich fragst, gibt es keine Macht, die größer ist als seine.

Warum musste Kain seinen Bruder Abel erschlagen? Sie hätten zusammen in Frieden leben können, denn es wäre doch wohl zu ihrer Zeit ein Witz gewesen, Landraub, schwindende Ölvorkommen, Wasserknappheit oder drohende Überbevölkerung zu befürchten. Kain und Abel hätten sich die Hand reichen können. Okay, dann wäre der ganze Plot der Bibelgeschichte unglaubwürdig. Von mir aus kann jeder glauben, was er will. Ich glaube halt am liebsten an den Frieden, und deshalb bin ich dagegen, mein Ego zu töten. Meine Wahrheit sieht so aus, dass mein Ego zu mir gehört. Wir leben relativ harmonisch unter einem Dach, und wenn ich den Sonnengruß praktiziere, schläft mein Ego meistens noch.

DER SONNENGRUSS

Der Sonnengruß Surya Namaskar hat mein Leben maßgeblich verändert. Er gab mir, wie auch der Kopfstand, die Kraft, aus einem Leben auszusteigen, dass ich als hinderlich für mich erkannte. Der Sonnengruß führte mich letztlich auf den Weg der Wahrhaftigkeit. Ich betrat ihn mit kleinen Schritten: Jeden Morgen vor der Arbeit machte ich drei Sonnengrüße.

Ich war schon immer ein Sonnenkind. Es gibt ja Leute, denen ist das Wetter egal. Ich war stets besser gelaunt, wenn die Sonne scheint. Und wenn sie nicht scheint, sorge ich dafür, dass irgendwo in meinem Inneren eine Sonne aufgeht. Zum Beispiel in der Teetasse am Morgen. Oder wenn ich im Trockenen sitze und es draußen stürmt und schneit. Oder in einem Gespräch mit einem anderen Menschen, wenn ich eine Breze in der Bäckerei kaufe. Aber so dachte ich damals in Berlin natürlich noch nicht. Zumal der erste dieser drei Sonnengrüße bei meinem schmerzenden Rücken oft eine Qual war. Das ist er übrigens heute noch manchmal ein bisschen. Der erste ist der schlimmste. Und gleichzeitig der beste, denn nach dem ersten Sonnengruß ist der Tag schon geschmiert, alles läuft geschmeidig an.

Wir leben im Sonnensystem. Die Sonne ist unser leuchtender Energiespender. Stell dir mal vor, sie wäre nicht da. Das würde nicht bloß unsere Laune beeinflussen – denk mal an drei Wochen November im Grau –, die Pflanzen würden eingehen, unsere Lebensgrundlage würde erlöschen. Die Menschheit würde ziemlich sicher aussterben. Wahrscheinlich würden wieder mal nur die Ameisen überleben. Aber will ich deshalb eine Ameise sein? Das kann ich nicht beurteilen, ich war ja noch nie eine oder erinnere mich nicht daran. Und für Karmafragen bin ich auch nicht zuständig. Aber ich weiß, dass der Sonnengruß am Morgen ein wunderbarer Tagesbeginn ist.

Seinerzeit in Berlin schaute ich mir viele Yogalehrer und -lehrerinnen an. In Berlin hatte Yoga Hochkonjunktur, ständig eröffneten neue Studios. Und überall wurden andere Varianten des Sonnengrußes unterrichtet. Meiner Meinung nach gibt es nicht »den« Sonnengruß. Wichtiger als die Reihenfolge im Ablauf ist die Einstellung, mit der du diese Übung machst, was sich im Übrigen auf das ganze Leben anwenden lässt. Gerade beim Sonnengruß ist die Konzentration unendlich wichtig. Ob du ihn in dem Bewusstsein durchführst, die Sonne, unsere Lebenskraft, zu grüßen und ihr zu danken. Oder dabei an irgendetwas anderes denkst oder abschweifst, vielleicht dass du dringend Reifen wechseln lassen musst. Und auch der Atem ist beim Sonnengruß bedeutungsvoll. Wann atmest du ein und wann aus? Und wie atmest du? Wie verbindest du deinen Atem mit den Bewegungen und deinem Bewusstsein? Wie nimmst du deinen Körper wahr, welche Sehnen und Muskeln kannst du spüren und wie dehnst du sie?

Wie gesagt – ich begann mit drei Sonnengrüßen. Bald widmete ich sie einer Eigenschaft, die ich Morgen für Morgen neu auswählte, je nachdem, was mir an diesem Tag bevorstand. Hatte ich ein Meeting, bei dem mit Meinungsverschiedenheiten zu rechnen war, konzentrierte ich mich auf die Eigenschaft »vollkommene Ruhe«, die ich bei der Praxis des Sonnengrußes in mir aufsteigen ließ. Man könnte sagen, ich kleidete mich innerlich an, während ich die Sonnengrüße praktizierte. Ich legte keine äußere Rüstung an, sondern eine innere Haltung, mit der ich durch diesen Tag gehen wollte. Und ich staunte selbst, wie gut das klappte. Nicht nur unmittelbar nach den drei Sonnengrüßen fühlte ich mich aufgeladen mit Vitalität und Energie: Die drei Sonnengrüße hielten den ganzen Tag vor, wie ein Dynamo. Ich hatte Energie erzeugt und gab sie weiter an andere. Ich strahlte mehr und mehr Ruhe aus oder Harmonie oder

Zufriedenheit – und davon profitierte nicht nur ich selbst, sondern auch die Menschen, die mit mir zu tun hatten. Gerade in meinem Job konnte eine Ausstrahlung der inneren Ruhe viele Stresssituationen ausheben. Und ich staunte und staunte und staunte. Yoga hatte mein Leben verändert!

Manchmal hatte ich morgens so starke Schmerzen, dass ich mich sehr überwinden musste und schon das Aufstehen aus dem Bett zu einem kleinen Sonnengruß wurde: Auf die Seite rollen, zur Bettkante robben, langsam hochkommen ... Aber ich setzte keinen einzigen Tag aus. Dazu kamen wöchentlich ein oder zwei Yogastunden in Studios, je nachdem, wie es sich mit meinem Job vereinbaren ließ. Meine Lehrer und Lehrerinnen suchte ich willkürlich aus. Manchmal wurde mir jemand empfohlen. Darüber hinaus wollte ich mir einen Überblick über die verschiedenen Yogarichtungen verschaffen und probierte vieles aus: Ashtanga Yoga, Bikram Yoga, Kundalini Yoga, Power Yoga, Prana Flow Yoga, Spirit Yoga, Sivananda Yoga, Yoga Vidya, Iyengar Yoga, Jivamukti Yoga und einige mehr.

In meinem Job war ich nach wie vor viel unterwegs. Den Sonnengruß ließ ich nie ausfallen, egal wie lang und feucht die Party am Vorabend gewesen war, egal wie klein ein Hotelzimmer sein mochte, was besonders in London manchmal in Millimeterarbeit ausartete. Zu dieser Zeit aß ich noch Fleisch und trank Alkohol. Doch Sonnengruß für Sonnengruß verschwand meine Lust darauf. Ich nahm mir nie vor, kein Fleisch mehr zu essen, keinen Alkohol zu trinken. Nicht mehr zu rauchen hatte ich mir durchaus das eine oder andere Mal vorgenommen. Beim Vorsatz war es geblieben. Doch nun geschah es auf einmal und wie von selbst – weil ich Yoga praktizierte. Schlechte Gewohnheiten fielen von mir ab wie alte Hautschuppen. Heute lebe ich vegan, nikotin- und alkoholfrei. Dabei verzichte ich auf nichts, im Gegenteil. Frieden ist in unser

Haus eingezogen. Das ist ein gutes Gefühl. Tierische Produkte zu essen verträgt sich nicht mit meinem Lebensstil der Achtsamkeit und des Friedens mit allen Geschöpfen – und auch nicht mit meinem Magen.

Auch heute noch praktiziere ich als Erstes jeden Morgen mindestens drei Sonnengrüße zu allem anderen, was sonst noch geübt werden will. Das steht meistens in der Morgenmail, die mir mein Little Guru schickt. In meinem Unterricht nimmt der Sonnengruß ebenfalls eine zentrale Stellung ein. Hin und wieder veranstalte ich in meinem Yogastudio am Ammersee eine Sonnengruß-Session, bei der hundertacht Sonnengrüße hintereinander praktiziert werden. Der Sonnengruß wird dabei zu einem Fahrzeug zu sich selbst und ins Hier und Jetzt. Jeder, der eine solche Session mitgemacht hat, ist begeistert von der Energie und Kraft dieser Praxis.

Die Zahl 108 hat hohe Symbolkraft im Yoga. Sie steht unter anderem für die Dreieinigkeit mit der 1 für die Geburt, der 0 für den Tod und der 8 für die Unendlichkeit. Die große Mala, eine Gebetskette, die viele Yogis und Yoginis um den Hals oder am Handgelenk tragen, besteht ebenfalls aus hundertacht Perlen.

Letztlich war es ein ganz spezieller Sonnengruß, der mich von meinen Schmerzen und meinem Bandscheibenvorfall heilte. Mein Lehrer unterwies mich in seinem Sonnengebet, eine Abfolge von vierundzwanzig Sonnengrüßen, in der es einen dynamischen und einen meditativen Teil gibt. Es war ein harter und schmerzvoller Weg für mich, ehe ich dieses Sonnengebet praktizieren konnte, das je nach Intensität bis zu eineinhalb Stunden dauert. Ich erinnere mich gut an einen Morgen, an dem es mir unendlich schwerfiel, überhaupt aus dem Bett zu kommen. Ich war verzweifelt. Würde der Schmerz denn nie mehr aufhören? Würde ich nie mehr Capoeira spielen können? Würde mein Leben jetzt für immer aus Hühnerdapperl bestehen? »Bitte hilf mir«, bat ich meinen Little Guru.

»Sag mir, was ich tun soll.« Die Antwort kam prompt: »Sonnengebet.« Genau das hatte ich mir nun aber nicht vorgestellt. Denn das
Sonnengebet hatte mir ja vor allem eins beschert: Schmerzen. Heute weiß ich: weil ich mich innerlich so lange dagegen wehrte. Doch
als mein Little Guru diese Antwort geradezu gebetsmühlenartig
wiederholte, fügte ich mich. Nach einer Weile spürte ich, dass es
mir besser ging. Und es geschah ein kleines Wunder: Nach mehreren Wochen war ich nahezu schmerzfrei. Und das ohne Operation,
die laut der Ärzte unausweichlich war, ohne weitere Spritzenkur
oder Medikamente. In dieser Zeit lernte ich noch besser, auf meinen Körper zu hören und seine Grenzen zu akzeptieren. An manchen Tagen fühlte ich mich wie ein Stock, an anderen war ich
geschmeidig wie frisch geölt. Das kennt jeder Yogi, jede Yogini.
Heute weiß ich, dass mir in meiner Anfangszeit als Yogi ein gewis-
ses Körperbewusstsein fehlte, das sich erst mit der Zeit der Yoga-
Praxis einstellt – und sich bis heute kontinuierlich verbessert. Ich
verwechselte Yoga mit Sport – obwohl ich körperlich so angegriffen war. Eigentlich kann ich dafür nur dankbar sein. Wer weiß,
wie viel Gas ich sonst gegeben hätte und wie viel Wundervolles
mir entgangen wäre, weil ich in hohem Tempo daran vorbeigerast
wäre. Meiner Meinung nach wird in der westlichen Yogawelt –
also in derjenigen, die ich aus eigener Erfahrung kenne – viel zu
viel Wert darauf gelegt, wie gelenkig man ist, wie weit man in eine
Stellung hineinkommt, wie man dabei aussieht. Manchmal habe
ich den Eindruck, der Charakter oder der Erleuchtungsgrad einer
Schülerin oder eines Schülers sollte an seiner Vorwärtsbeuge – ist
er auch schön demütig, boah, geil, wie demütig – oder an seinem
Kopfstand – boah, geil, wie die in der Balance ist – abgelesen werden. Und natürlich leben alle bewusst und wahnsinnig achtsam,
und zu Hause kriegt der Hund nichts zu essen, weil er angeblich
zu dick ist. Unterricht für Unterricht erinnere ich meine Yogis und

Yoginis daran, dass es nicht wichtig ist, wie eine Übung aussieht, sondern dass es einzig und allein darauf ankommt, wie sie sich für dich anfühlt. Jetzt. Aber natürlich merke ich, dass es für manche eben doch und vor allem darauf ankommt, wie etwas aussieht, dass sie die Stellung länger halten als andere und bitte schön, kuck mal, wie topfit ich bin, ich schwitze null. Da schicke ich dann Liebe hin. Sehr viel Liebe. Und manchmal erinnere ich mich an mein Sonnengebet nach dem Flickflack-Unfall, wenn ich geradezu verzweifelt war, weil ich in der Vorwärtsbeuge überhaupt nicht runterkam. Ich war doch kein alter Mann! Doch, meiner Beweglichkeit nach schon.

Eines Tages konfrontierte mich mein Little Guru mit meinem Ehrgeiz. »Warum willst du eigentlich deine Stirn auf die Schienbeine legen?«, fragte er mich.

»Weil die Stellung so gehört«, keuchte ich.

»Aha. Die Stellung gehört so«, wiederholte er. Er macht eine Pause. »Und wer hat das gesagt?«

»Es gehört eben so. Die anderen im Yogaunterricht machen es auch. Und mein Yogalehrer hat es mir so gezeigt.«

»Mit wem spreche ich jetzt gerade?«, fragte mein Little Guru. »Mit dir, mit den anderen oder mit deinem Yogalehrer?«

Da musste ich so lachen, dass es mich glatt einen halben Zentimeter tiefer beugte.

Von diesem Tag an war es für mich nicht mehr wichtig, wie weit und wie tief ich in eine Stellung sinke. Manchmal kommen Cracks in meine Stunden, die waren ab dem dritten Lebensjahr im Ballett. Ich weiß nicht, ob sie Knochen haben. Hat es was damit zu tun, wie meine Knochen beschaffen sind? Nein.

Ich bin dankbar für die Erfahrung, die mir mein Little Guru damals ermöglichte. Denn seither war das Sonnengebet mein Freund. Ich hatte gelernt, dass ich es nicht jeden Tag auf die gleiche Art und

Weise ausführen konnte, sondern dass ich auf meine Tagesform achten musste. Es war nicht mehr wichtig, wie tief und wie lange ich in einer Stellung verharrte, sondern dass ich die Stellung meinem aktuellen Befinden anpasste. Und da begann es richtig schön zu werden, und ich erfuhr eine neue Dimension des Yoga. Und ganz nebenbei wurde mir auch klar, dass ich erst durch meine eigene leidvolle Erfahrung mit meinen Rückenschmerzen verstehen konnte, was andere meinten, wenn sie mir von ihren Rückenschmerzen erzählten. Gerade Rückenschmerzen sind ja für viele Menschen ein Grund, Yoga zu üben. Dass Yoga gut für den Rücken ist, gehört zu den Binsenweisheiten. Es macht einen Unterschied, ob ich als Yogalehrer mir vorstelle, wie dies oder jenes ist, oder ob ich es selbst erfahren habe. Was jetzt nicht heißen soll, dass ich sämtliche Zipperlein und Zipper meiner Schülerinnen und Schüler am eigenen Leib ausprobieren möchte. Doch mit Rückenschmerzen ist man schon ganz gut aufgestellt als Yogalehrer, glaube ich. Und so hat sich dann auch wieder einmal gezeigt, dass alles, was geschieht, irgendeinen Sinn hat. Auch wenn wir ihn nicht gleich – oder nie – erkennen. Der Little Guru wird's schon wissen. Und wenn wir uns ihm anvertrauen, dann vertrauen wir auch der höheren Führung und können loslassen und entspannen. Der Little Guru wird's schon richten oder mir dabei helfen!

● SONNENGRUSS ●

Surya Namaskar

~~~~~~

Der Sonnengruß ist eine zentrale Aufwärmübung in den meisten Yogastilen und sollte Teil jeder Yoga-Praxis sein, denn sie stimmt den Körper optimal auf die folgenden Asanas ein – die jedoch nicht folgen *müssen,* denn der Sonnengruß ist an und für sich schon ein vollständiges Übungsprogramm, beispielsweise, wenn man mal wenig Zeit hat.

WARUM GRÜSSEN WIR DIE SONNE?

Ohne Sonne kein Leben! Da kann man schon mal Hallo sagen, oder? Die Sonne erst erweckt mit ihrer strahlenden Kraft das Leben auf der Erde. In unzähligen Weltreligionen gilt sie als sichtbare Verkörperung des unsichtbaren Schöpfers. Und obwohl wir uns in vielen Bereichen für wahnsinnig weit fortgeschritten halten – Stichwort Krone der Schöpfung –, können sich viele von uns Gott, das höhere Bewusstsein, das Licht des Selbst oder was auch immer nicht einfach so vorstellen. Ja, ja, es kann bereits beim Little Guru hapern, aber der macht sich dann schon bemerkbar. Und außerdem grüßen wir ihn ja auch, jeden Morgen nach dem Aufwachen, nicht wahr? Denn ein Tag, an dem wir uns frühzeitig mit ihm verbinden, verläuft einfach besser.

Für mich gehört der Sonnengruß zu einem guten Start in den Tag. Er ist auf körperlicher Ebene stimulierend für den Kreislauf, hat eine stark belebende und zugleich entspannende Wirkung, und richtig ausgeführt beansprucht er nahezu sämtliche Körperregionen mit allen Muskeln, Sehnen und Bändern. Am frühen Morgen praktiziert, vertreibt er Steifheit aus den Gliedern und sorgt für ein ganzheitliches Wohlgefühl. Dies und noch vieles mehr macht den Sonnengruß zu einer wundervollen, umfassenden Praxis für Körper, Geist und Seele. Ich weiß, dass es Yogis und Yoginis gibt, die diese Übungsabfolge nicht gern mögen. Aber ich weiß auch, wie sich viele Menschen fühlen, wenn die Sonne ein paar Tage nicht scheint. Und wie wir alle entspannen, aufatmen, mehr spüren, wenn sie wieder da ist, weil die Sonne uns öffnet. Vielleicht hast du deine ganz persönliche Art, die Sonne zu grüßen, noch nicht gefunden. Durch die vielen modernen Stile besonders der westlichen Schulen und Traditionen gibt es inzwischen aber auch immer mehr Variationen mit mehr oder weniger Asanas in der Abfolge des Sonnengrußes. Kleine Sonnengrüße, große Sonnengrüße, Sonnengrüße für Schwangere, Kinder, Senioren und ohne und viele, viele mehr: Es gibt so viele Variationen, wie es Wesen gibt, die die Sonne grüßen. Ja, Wesen! Schau dich mal im Tierreich um, wie viele Tiere man beim Sonnenbaden beobachten kann. Es gibt sogar eine Sonnenanbeterin. Und alles ohne Yogamatte! Beim Sonnengruß geht es ebenfalls nicht darum, die äußere Form zu perfektionieren und besonders toll auszusehen, sondern um die innere Einstellung: Mit welchem Gefühl grüßt du die Sonne? Kannst du dich ihr in dieser Übungsabfolge hingeben? Bewusst atmen! Dankbar sein und im Hier und Jetzt? Was auch immer ... der Sonnengruß ist eine Chance, dein Leben bewusster zu gestalten. Wenn du die Übungen rein gymnastisch betreibst, stellst du deine Seele in den Schatten. Ich wünsche dir ein vollständiges Sonnenbad beim Sonnengruß.

Das Gute daran: Du kriegst keinen Sonnenbrand. Aber du wirst viel Energie tanken! Sonnenkraft. Und wenn es sich gut anfühlt, sieht es meistens auch gut aus. Worum es aber, wie schon gesagt, nicht gehen sollte.

Die verschiedenen Übungen im Sonnengruß mobilisieren die gesamte Wirbelsäule und dehnen und kräftigen unzählige Muskeln. Die Bewegungsabläufe sorgen für eine vollständige Streckung des Körpers. Gerade der Wechsel zwischen Vor- und Rückbeugen stimuliert den Solarplexus, was wiederum die tiefe Bauchatmung unterstützt. Darüber hinaus wird die Atemkapazität der Lunge erhöht. Das ganze Nervensystem entspannt sich; Stress wird abgebaut. Gleichzeitig wird die Flexibilität und Geschmeidigkeit des Körpers erhöht. Der Sonnengruß schenkt Selbstvertrauen und gute Laune. Gibt es einen besseren Start in den Tag?

WIE GRÜSSEN WIR DIE SONNE?

Der klassische Sonnengruß besteht aus zwölf Stellungen. Man sagt, dass er sich am Sonnenkalender mit seinen zwölf Monaten anlehnt. Im klassisch ausgeführten Sonnengruß sind Atmung und Bewegung eins, sie werden synchron und in vollständiger Bewusstheit ausgeführt. Ich widme meinen Sonnengruß gern jemandem und ermutige auch meine Yoginis und Yogis dazu. Vielleicht gibt es eine Person, eine Stelle in deinem Körper, den Weltfrieden – was auch immer dir in den Sinn kommt, wem oder was du deinen Sonnengruß widmen möchtest. Warum nicht auch deinem kleinen Zeh? Der kriegt ja genau genommen im Alltag so gut wie keine Beachtung, und doch trägt er dich mit durch dein Leben. Diese Widmung ist gleichzeitig eine Ausrichtung. Wenn du den Sonnengruß deinem krebskranken Vater widmest, wirst du bei den Herausforderungen im

Übungsablauf vielleicht nicht so schnell aufgeben, sondern stark bleiben, kämpfen, atmen, weicher werden. Das bedeutet nicht, dass du während der Übung ständig an deine Widmung denkst, nein, du versuchst im Jetzt bei den jeweiligen Stellungen zu bleiben. Die Widmung ist nur eine Überschrift. Konzentriere dich auf deinen Atem und gib dich hin. Der Sonne, den Asanas, dem Fluss deiner Bewegung, dem Augenblick.

Du kannst die Übung auch mit geschlossenen Augen durchführen – such dir dafür einen inneren Konzentrationspunkt; er wird Drishti genannt (vgl. S. 56). Ein Mudra, wie im folgenden Text bei der Gebetshaltung Namasté erwähnt, ist eine symbolische Geste. Das Wort stammt aus dem Sanskrit und bedeutet übersetzt: Das, was Freude bringt.

1. GEBETSHALTUNG – *Pranamasana:* Steh gerade, die Füße hüftbreit nebeneinander am Anfang deiner Matte. Atme tief ein, dann aus. Beim Ausatmen bring die Handflächen vor dem Brustkorb zusammen in die Gebetshaltung – das Namasté Mudra. Die Daumen berühren das Brustbein, die Unterarme zeigen parallel zum Boden, das Kinn sanft zum Brustbein. Der Kopf neigt sich vor dem Herzen, denn nur mit dem Herzen sehen wir wirklich gut. Das Wesentliche bleibt für die Augen und den Verstand oft unsichtbar. Das hat der kleine Prinz gesagt, und es stimmt.

2. SEGNUNG – *Namasté Mudra:* Widme dein Yoga einem Menschen, Wesen ... einer Idee, was auch immer dir in den Sinn kommt.

3. GESTRECKTER BERG – *Urdhva Tadasana:* Mit der nächsten Einatmung bringe deine gestreckten Arme über die Seiten weit über den Kopf nach oben neben die Ohren, die Handflächen zusammen. Neige deinen Oberkörper aus dem oberen Rücken heraus in eine sanfte Rückbeuge. Lass den Kopf so weit als angenehm in den Nacken sinken.

4. VORBEUGE – *Uttanasana:* Mit der nächsten Ausatmung beugst du dich mit geradem Rücken so weit wie möglich nach vorne. Versuche, mit dem Brustkorb die Oberschenkel zu berühren – wenn nötig die Knie beugen, du solltest eine vollständige Dehnung der gesamten Körperrückseite spüren. Bring die Hände mit den Fingerspitzen auf eine Linie mit den Zehenspitzen, die Handflächen so flach wie möglich direkt neben den Füßen auf den Boden. Lass deinen Kopf locker hängen, sodass du durch deine im besten Fall gestreckten Beine blicken kannst.

5. SPRINTER – *Ashwa Sanchalanasana:* Bring mit der nächsten Einatmung den rechten Fuß so weit wie möglich nach hinten. Die Hüfte sinkt so weit als angenehm in Richtung Boden, das Becken bleibt gerade ausgerichtet. Deinen Kopf leg so weit als angenehm in den Nacken, und dein Blick, insofern du die Augen geöffnet hast, richtet sich nach oben zur Sonne.

6. NACH UNTEN SCHAUENDER HUND – *Adho mukha svanasana:* Mit der nächsten Ausatmung setzt du den linken Fuß hüftbreit neben den rechten und bringst dein Gesäß so weit wie möglich nach hinten oben. Schaue zu deinem Bauchnabel oder ins geistige Auge. Halte deinen Rücken und deine Beine

gerade wie zum Spitzdach und dehne deine Fersen zum Boden. Falls das nicht möglich ist, achte zuerst auf den Rücken: Halte ihn absolut gerade, wenn auch zuerst noch mit gebeugten Beinen und angehobenen Fersen. Streck dann die Beine nur so weit, wie dein Rücken dabei gerade bleiben kann. Erst dann beginne damit, die Fersen zum Boden zu dehnen.

7. PLANKE – *Kumbhakasana:* Einatmend lass dein Becken sinken in eine Liegestütz-Position. Der Rücken sollte ganz gerade sein und mit den gestreckten Beinen und dem Nacken eine Linie bilden.

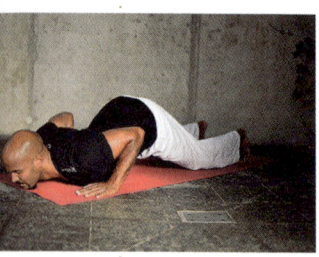

8. ACHTFACHER NIEDERWURF – *Ashtanga Namaskara:* Ausatmend bring die gebeugten Knie, den Brustkorb und die Stirn oder das Kinn langsam zum Boden. Die Hüften bleiben dabei angehoben, die Hände unter den Schultern und die Ellbogen nah am Körper. Lass dich hingebungsvoll in diese Position sinken.

9. KOBRA – *Bhujangasana:* Atme ein. Strecke die Zehen, die Fersen berühren sich, sodass der Fußrücken Bodenkontakt hat. Gleite mit dem Becken und dem Oberkörper nach vorne, sodass der ganze Körper einen kurzen Moment flach auf den Boden liegt. Schiebe dann die Stirn oder das Kinn ebenfalls am Boden entlang nach vorne und hebe langsam Schultern, Kopf und Brustkorb an. Blicke lächelnd weit zur Sonne nach oben. Nutze weniger die Armmuskulatur, mehr die Kraft des Nackens und des gesamten Rückens, um den Oberkörper anzuheben. So vermeidest du eine zu starke Belastung des unteren Rückens. Die Arme sollten gebeugt bleiben. Komm fürs Erste nur so hoch, dass dein Bauchnabel gerade noch Kontakt zum Boden hat. Lass deine Ellbogen nahe am Oberkörper.

10. NACH UNTEN SCHAUENDER HUND – *Adho mukha svanasana:*

Ausatmend die Füße bzw. die Zehen aufstellen. Drücke deine Hüften zu den Fersen nach hinten und dann nach oben, während du deine Beine streckst. Positioniere deine Hände schulterbreit und deine Füße hüft- oder beckenbreit auseinander. Schau zu deinem Bauchnabel. Halte deinen Rücken und deine Beine gerade wie ein Spitzdach und dehne deine Fersen zum Boden. Anfangs berühren die Fersen meist nicht den Boden, doch die verkürzten Sehnen und die rückwärtige Beinmuskulatur werden von Sonnengruß zu Sonnengruß flexibler und die Stellung einfacher.

11. SPRINTER – *Ashwa sanchalanasana:*

Bringe mit der nächsten Einatmung den rechten Fuß wenn möglich zwischen deine Hände nach vorne, sodass die Fingerspitzen und Zehenspitzen eine Linie bilden. Wenn es dir noch nicht möglich ist, in einem Schritt nach vorne zu gelangen, kannst du den Fuß entweder aktiv mit der rechten Hand weiter nach vorne ziehen, oder du lässt das linke Knie zum Boden sinken, bevor du das Bein nach vorne bringst, hebst den rechten Arm etwas zur Seite, bringst deinen rechten Fuß zwischen die Hände nach vorne und bist so auch am Ziel. Die Hüfte sinkt so weit als angenehm nach unten. Das Becken bleibt dabei gerade. Deinen Kopf lege so weit als angenehm in den Nacken, und dein Blick – falls deine Augen offen sind – richtet sich nach oben zur Sonne.

12. VORBEUGE – *Uttanasana:*
Mit der nächsten Ausatmung setze den linken Fuß hüftbreit und parallel neben den rechten, strecke beide Beine so gut wie möglich und beuge dich mit geradem Rücken so weit wie möglich nach vorne. Versuche, mit dem Brustkorb die Oberschenkel zu berühren – wenn nötig die Knie gebeugt halten. Fühle wieder eine vollständige Dehnung der gesamten Körperrückseite. Lass die Hände mit den Fingerspitzen auf einer Linie mit den Zehenspitzen, die Handflächen so flach wie möglich direkt neben den Füßen auf dem Boden. Lass deinen Kopf locker hängen, sodass du durch deine im besten Fall gestreckten Beine blicken kannst.

13. GESTRECKTER BERG – *Urdhva Nastasana:* Mit der nächsten Einatmung richte deinen Rücken gerade, bring Spannung in deinen Bauch, indem du deinen Bauchnabel weit nach innen zur Wirbelsäule hin ziehst. Wenn nötig, beuge sanft deine Knie und bring deine Arme gestreckt in einem weiten Bogen über die Seiten über den Kopf nach oben, die Handflächen zusammen. Neige deinen Oberkörper aus dem oberen Rücken heraus in eine sanfte Rückbeuge. Lass den Kopf so weit als angenehm in den Nacken sinken.

14. GEBETSHALTUNG – *Pranamasana:*

Steh gerade. Beim Ausatmen bring die Handflächen vor dem Brustkorb zusammen in die Gebetshaltung, die Daumen berühren das Brustbein, die Unterarme parallel zum Boden, das Kinn sanft zum Brustbein geneigt. Der Kopf neigt sich vor dem Herzen. Atme tief ein und erinnere dich an deine Widmung. Mit der nächsten Ausatmung lass die Arme sinken und locker hängen, die Handflächen zeigen nach vorne. Du gibst deine Energie, deine Aufmerksamkeit konzentriert und gebündelt dorthin, wo du sie hinschicken möchtest.

Im zweiten Durchgang kannst du die Bewegungen von Punkt 5 und 11 mit dem linken Bein beginnen. Je nach Lust, Laune und Zeit wiederhole die Abfolge bis zu hundertacht Mal. Entspanne dich danach ausgiebig in Savasana, der tiefen Entspannungslage, auch »Totenstellung« genannt: Leg dich auf den Rücken, öffne deine Beine leicht, die Füße beckenbreit, die Zehen sinken nach außen, die Hände liegen neben dem Körper mit den Handflächen nach oben. Dein Kinn ist sanft zum Brustbein geneigt, der Nacken lang, die Augenlider sind sanft geschlossen, dein innerer Blick richtet sich zum geistigen Auge. Atme in der vollen Yogaatmung, und sobald du dich beruhigt und sich dein Herzschlag normalisiert hat, gib deinen Atem frei und atme, wie es jetzt stimmig für dich ist.

Surya Namaskar im Angesicht der Morgensonne im besten Fall irgendwo in der freien Natur praktiziert – das ist Glück pur! Vielleicht gibt es einen Kraftplatz in der Nähe deines Wohnortes. Und wenn du noch keinen kennst, dann finde einen. Deinen! Tanke dich auf mit Sonne, mit Licht, mit Lebensfreude. Und strahle es ab durch deinen Tag und tanke wieder und strahle aus … ein Sonnenkreislauf wie der Atemkreislauf – Leben pur.

12 MANTRAS

für die Praxis
des Sonnengrußes

~~~~~~

Gestreckter Berg – Urdhva Hastasana
Om Mitraya Namaha
Du Freund aller, sei gegrüßt!

Vorbeuge – Uttanasana
Om Ravaye Namaha
Du Strahlender, sei gegrüßt!

Sprinter – Ashwa Sanchalanasana
Om Suryaya Namaha
Du Vitalität Verleihender (Führer aller), sei gegrüßt!

Nach unten schauender Hund – Adho mukha svanasana
Om Bhanave Namaha
Du Erleuchtender (Spender von Schönheit), sei gegrüßt!

Planke – Kumbhakasana
Om Khagaya Namaha
Du Beleber der Sinne (der du dich durch den Himmel bewegst),
sei gegrüßt!

Achtfacher Niederwurf – Ashtanga Namaskara
Om Pushne Namaha
Du Kraft und Stärke Verleihender (Ernährer des Lebens),
sei gegrüßt!

Kobra – Bhujangasana
Om Hiranyagarbhaya Namaha
Du Kosmisches Selbst (Zerstörer der Krankheit), sei gegrüßt!

Nach unten schauender Hund – Adho mukha svanasana
Om Marichaye Namaha
   Ihr heilenden Strahlen der Sonne (Förderer der Menschheit),
       seid gegrüßt!

           Sprinter – Ashwa Sanchalanasana
              Om Adityaya Namaha
           Du Sohn von Aditi der kosmischen Mutter (der du
           die Liebe einhauchst), sei gegrüßt!

           Vorbeuge – Uttanasana
           Om Savitre Namaha
   Erzeuger des Lebens (gütige Mutter), sei gegrüßt!

Gestreckter Berg – Urdhva Hastasana
Om Arkaya Namaha
Du, den ich von Herzen verehre, sei gegrüßt!

Gebetshaltung – Pranamasana
Om Bhaskaraya Namaha
Du zu Erleuchtung führender (strahlender Herr), sei gegrüßt!

JETZT ERST RECHT

stell deine Welt auf den Kopf!

Warum soll eigentlich immer alles so laufen wie immer? Gleich nach dem Aufwachen die Kopfkissen aufschütteln, Facebook checken, dann ein Marmeladenbrot, später ein Apfel und im Büro die unerledigten Vorgänge links auf den Stapel, die erledigten nach rechts. Freitags prinzipiell Fisch und Donnerstag ins Yoga, nach dem Kopieren einmal über die Spiegelfläche wischen, sonntags von eins bis zwei ein Nickerchen. Und danach? Kissen aufschütteln? Oder nicht, weil der Sonntag von der Werktagsregelung ausgenommen ist?

Rituale sind das eine. Sie erleichtern uns das Leben und geben uns ein Gefühl der Geborgenheit. Auch ich pflege einige Rituale und Zeremonien. Gerade wenn man mit Kindern lebt, sind Rituale wichtig, weil sie Sicherheit und Kontinuität vermitteln. Doch ich überprüfe immer wieder, ob es wirklich Rituale sind oder Gewohnheiten, die sich eingeschlichen haben und sich im Lauf der Zeit als Rituale tarnen. Rituale vollführen wir bewusst, Gewohnheiten passieren einfach. Und dann hat man sich daran gewöhnt und stellt sie nicht mehr in Frage – und merkt deshalb auch nicht, wie sie einen am bewussten und freien und friedlichen Leben hindern. Wie sieht es mit deinen Ritualen aus? Kennst du deine Gewohnheiten? Erforsche sie! Wie wäre es, wenn du das eine oder andere weglassen würdest? Sind wirklich alle deine guten (und schlechten) Gewohnheiten notwendig? Wie geht es dir, wenn sie fehlen? Es könnte sein, dass du hin und wieder in das Jetzt rutschst. Es könnte sogar sein, dass du inneren Frieden findest, wenn du ablässt von dem, was dich unzufrieden macht. Die Chips beim Fernsehen zum Beispiel. Erst sie machen den Fernsehabend perfekt. Und sie sind echt bio! Weil man ja bewusst lebt … Aber unterm Strich führen die Chips zu Unzufriedenheit. Und das ist nur ein kleines Beispiel, das du in unzählig vielen Geschmacksrichtungen ausprobieren kannst. Es geht immer um die Frage: Entscheide ich mich bewusst dafür, dies oder jenes zu tun und zu lassen, oder merke ich gar nicht, dass ich etwas Bestimmtes tue, weil es automatisch abläuft? Und wenn ich mich entschieden habe: Ist diese Entscheidung wirklich meine eigene oder ist sie geprägt von Konditionierungen, oft aus der Kindheit, die ich vielleicht noch gar nicht aufgedeckt habe? Indem ich wahrhaftig lebe, schließe ich inneren Frieden mit mir selbst und mit allen anderen.

Wie eben erwähnt, tarnen sich Gewohnheiten gern als Rituale, und schlechte Gewohnheiten tarnen sich schon mal als gute. Da hilft nur eins: Stell deine Welt auf den Kopf, damit die Tarnung runter-rutscht, und staune, was dann zum Vorschein kommt. Der Sonnen-gruß und der Kopfstand sind für mich eng miteinander verbunden. In der wichtigsten Zeit des Wandels in meinem Leben praktizierte ich nicht nur jeden Tag drei Sonnengrüße, wie im vorherigen Kapitel beschrieben. Ich machte auch einen Kopfstand. Jeden Tag stellte ich mich auf dem Balkon meiner Berliner Wohnung auf den Kopf und mehr: Ich stellte mein Leben auf den Kopf, und eines Tages erkannte ich die Wahrheit. Dass das Leben auf dem Kopf mein wahrhaftiges Leben war. Diese Erkenntnis war so mächtig und unausweichlich, dass es mir in der Folge leichtfiel, die nötigen Änderungen vorzu-nehmen und mein Leben radikal umzustellen. Auf den Kopf? Nein, endlich auf die Füße! Ich kündigte nicht nur meinen Job, ich zog auch aus der Metropole Berlin aufs Land und machte eine Ausbil-dung zum Yogalehrer. Endlich angekommen! Bei mir selbst. Und deswegen auch bei den anderen. Denn wie willst du mit anderen zusammen sein, wenn du selbst dich versäumt hast? Wer trifft da wen, wer redet mit wem? Zum Glück gibt es den Little Guru, der dich immer wieder daran erinnert, worauf es ankommt.

DER HÜTER DES INNEREN FRIEDENS

Viele Menschen denken bei innerem Frieden an einen Meditieren-den im Lotussitz. Doch der innere Frieden kann auch sehr quir-lig daherkommen. Er ist Ausdruck dafür, dass du mit dem, was du tust, zufrieden bist in dem Wissen, dass es das Beste für dich selbst und auch für deine Umgebung ist. Wenn man über diesen Satz nachdenkt, merkt man schnell, dass auch der innere Frieden zu den Zielen gehört, die man nicht ein für alle Mal erreichen und sich dort ausruhen kann. Der innere Frieden ist eine Lebensaufgabe, der den Dialog mit sich selbst und dem Little Guru voraussetzt. Tag für Tag loten wir ihn neu aus, denn alle unsere Gedanken und Taten fördern oder stören ihn.

Angenommen, du sitzt in einer überfüllten U-Bahn. Oder du hast eine Autopanne. Oder dein Kind bringt ein schlechtes Zeugnis nach Hause, dein Partner ist mies gelaunt, das Essen brennt an, der Kühlschrank ist kaputt, jemand hat deine Kreditkarte geklaut … Wie ist es dann um deinen inneren Frieden bestellt? Bist du leicht aus dem Gleichgewicht zu bringen?

Wäre es nicht erstrebenswert, sich seine Laune nicht von so etwas wie einem kaputten Kühlschrank vermiesen zu lassen? Schließlich bist du am Leben. Vielleicht sogar ziemlich gesund. Du atmest. Und der Kühlschrank ist voll. Das ist kein Grund, sich aufzuregen, ganz im Gegenteil, es ist ein Grund zur Dankbarkeit. Du kannst darüber sinnieren, warum du so viele Lebensmittel im Kühlschrank hast. Wie schön, dass der Kühlschrank dich darauf aufmerksam macht, dass er völlig überlastet ist. Er möchte nicht, dass du Lebensmittel wegwirfst. Er hilft dir dabei, in den inneren Frieden zu gelangen, der ja auch darin besteht, dass du in Frieden mit deiner Umgebung, mit deiner Umwelt lebst. Du lächelst? Wunderbar! Lächeln ist ein Ausdruck des Friedens.

Wenn du danach strebst, im inneren Frieden zu leben, also auch in enger Verbindung mit deinem Little Guru, der genau genommen ein Hüter dieses inneren Friedens ist, dann bist du auch zufrieden mit dir und deinem Leben und mehr noch: auf dem Weg zur Glückseligkeit. Wie eine Welle soll sich diese Glückseligkeit über die Erde verbreiten. Ich weiß, dass wir weltpolitisch betrachtet im Moment anscheinend weiter entfernt vom Frieden sind als in vielen Jahren davor. Doch der Frieden beginnt in jedem Menschen selbst. Jeder von uns entscheidet, was er nach außen trägt. Mitgefühl, Güte, Freundlichkeit – wir haben die Wahl. Und so wie wir ein friedvolles Miteinander mit anderen Menschen gestalten können, können wir es auch mit uns selbst. Dies ist immer der erste Schritt. Schließe Frieden mit dir selbst, Frieden mit deiner unmittelbaren Umgebung, Frieden mit deiner mittelbaren Umgebung, Frieden mit Fremden. Es kann keinen Weltfrieden geben, wenn der einzelne Mensch in Unfrieden lebt. Wer sich allein auf seine Individualität und sein Ego konzentriert, kann keinen Frieden finden, denn der Frieden verbindet sich. Mit dir selbst, mit deinem Little Guru, mit den Little Gurus anderer, mit allen Geschöpfen auf der Erde. Von mir aus auch mit Außerirdischen. Denn wenn du die Sache auf den Kopf stellst, steckt in jedem von uns auch ein Außerirdischer. Ja, vielleicht sind wir die Außerirdischen, und es gibt ein Leben innerhalb unseres Planeten. Manch einer behauptet, dass wir aus jenem Grund kein anderes Leben im Weltall finden, weil wir uns im Zwischenmenschlichen oft nur auf die Oberfläche konzentrieren, anstatt ins Innere zu blicken. Wir stehen auf der Erde, schauen in den Himmel und sagen, da ist nichts, weil wir uns auf Sternenhüllen konzentrieren. Wie wäre es, die Aufmerksamkeit auf das zu richten, was im Inneren sein könnte? Ist das was? Ist da wer? Hallo? Es kommt immer auf die Perspektive an!

Der innere Frieden ist ein Prozess, von Augenblick zu Augenblick richten wir uns neu aus. Indem wir bewusst durch unsere Tage gehen, werden wir immer öfter mit dem schönen Gefühl belohnt: Alles ist gut, so wie es ist. Wir haben gelernt, die Dinge, die kommen, anzunehmen. Und weil wir das tun, leben wir im inneren Frieden. In Bayern lautet das Mantra dafür: Passt scho.

Und zwar auch, wenn es mal nicht nach deinem Kopf geht. Dafür stellst du dich ja auf den Kopf: Um diese Haltung zu üben, in der das Oberste nach unten gekehrt wird.

Was auch immer du tust: Vollführe es mit der Einstellung, nichts dafür bekommen zu wollen, zu müssen. Denn wenn du etwas nur tust, damit etwas anderes sich erfüllt, wirst du kaum inneren Frieden erfahren. Du bist dann stattdessen abhängig von Dingen, auf die du meist keinen Einfluss hast. Und du hegst Erwartungen, die enttäuscht werden können – und dann? Gelingt es dir, Dinge zu tun, ohne Erwartungen zu hegen, ohne auf Geld zu hoffen, einfach weil dir eine Tätigkeit Freude macht, hingegeben und selbstlos? Dann wirst du inneren Frieden säen.

Um aber das zu tun, was man gerne und mit vollem Herzen tut, sollte man erst einmal herausfinden, was das eigentlich ist. Und das ist manchmal gar nicht so leicht, weil es so viele Verlockungen und Ablenkungen gibt. Außerdem verlangt es Selbstbewusstsein, Stärke und Durchhaltevermögen. Genau diese Eigenschaften lernen wir im Yoga. Wir üben auf der Matte und praktizieren im Alltag weiter, im Kleinen wie im Großen.

Deine Freunde rufen dich an, sie wollen, dass du mitkommst auf eine Party/Vernissage/ins Kino, was auch immer. Da muss man hin, alle sind da. Morgen muss man dabei gewesen sein, sonst hat man was verpasst.

Du aber hast keine Lust. Du liebäugelst mit einem Sofaabend. Kurzer Anruf beim Little Guru. Einatmen, ausatmen, tief einatmen, lange ausatmen. Der Little Guru flüstert dir ins Herz: Bleib bei dir. Du fragst nach: Auf dem Sofa? Denn bei dir bist du ja auch, wenn du im Kino bist. Nein, eben nicht. Du würdest im Unfrieden mit dir selbst dort sitzen, weil du eigentlich was anderes wolltest, das aber nicht äußern konntest. Vielleicht aus Angst, Sympathie zu verlieren oder als Spielverderber zu gelten. Wenn du dein Daheimbleiben liebevoll kommunizierst, wird sich niemand brüskiert fühlen. Ganz im Gegenteil, du zeigst anderen, dass du keine Ausreden wie Kopfweh oder Hab meine Tage bemühst. Sondern den Mut hast, zu deiner Entscheidung zu stehen. »Ich bleibe heute lieber zu Hause. Danke, dass ihr mich gefragt habt. Ein andermal gerne. Verbringt einen schönen Abend.«

Zum inneren Frieden gehört es unabdingbar, der Außenwelt manchmal Grenzen aufzuzeigen. Und in einer anderen Situation geht es darum, Grenzen zu überwinden. Dein Little Guru wird dich spüren lassen, worauf es jeweils ankommt.

Erforsche auf deiner Friedensmission auch deine Gedanken. Diese unsichtbaren Dinge sind es nämlich, die den inneren Frieden nur zu oft stören mit ihren Quengeleien. Hör dir mal selbst dabei zu, wie du über einen anderen Menschen sprichst, im Sinne der Wahrhaftigkeit, du erinnerst dich? Welche Formulierungen wählst du? Bringst du ihm Wertschätzung entgegen? Oder schüttest du einen Eimer schlecht riechender Wörter aus? Zeigst du Verständnis für seine Situation? Oder verurteilst du ihn? Wenn du dir vorstellst, dass die Wörter, die du sagst, ja in dir gebildet werden, dann durch deine Kehle, durch deinen Mund nach draußen gelangen, ist es nur logisch, dass sie in deinem Organismus Spuren hinterlassen. Es ist bekannt, dass gerade über die Mundhöhle sehr viele Stoffe, Spurenelemente aufgenommen werden. Möchtest du selbst auch noch dafür sorgen, dass Schadstoffe in deinen Organismus gelangen? Wo wir doch alle schon genug belastet sind durch Umweltgifte. Achte auf deine Mundhygiene, indem du Worthygiene betreibst, weil du nämlich deine Gedanken kontrollierst.

GEDANKENYOGA

Natürlich bist du das, was du denkst! Deine Gedanken prägen dein Lebensgefühl, dein Glück, deinen Erfolg, deine Liebe, alles. Achtest du auf deine Gedanken? Oder nur auf deine Worte, indem du manchmal denkst: »Das sag ich jetzt lieber nicht«? Aber gedacht ist manchmal schon fast gesagt. Gerade wenn man sich gut kennt. Ehepaare, die lange verheiratet sind, reden nur noch sehr wenig miteinander. Mehr brauchen sie in der Regel auch nicht, sie schauen sich an und wissen, was los ist. Wenn sie sich da mal bloß mal nicht täuschen …

Du allein weißt, was du denkst. Deine Gedanken richten dein Leben aus. Krieg oder Frieden. Versöhnung oder Kampf. Liebe oder Härte. Geduld oder Ungeduld.

Gedankenyoga ist ein wichtiger Schritt auf deiner Friedensmission. Wenn du das Wort Gedanke einmal aufmerksam betrachtest, stellst du fest, dass sich darin das Wort danke versteckt. Und damit hast du den Schlüssel zu positiven Gedanken in der Hand. Vergegenwärtige dir dieses Danke, indem du Gedanken denkst, die das Danke ausdrücken.

Sie ist eine faule Socke, magst du dann denken und weiter: *Danke, dass ich dich kenne. Es gibt kaum jemanden, über den ich mich so aufregen kann. Schön, wie sie mein Blut in Wallung bringt, das trainiert meinen Kreislauf.*

Der Meister des Gedankenyogas ist natürlich dein Little Guru. Seine Weisheiten, seine Ansagen, die er ja durchaus hin und wieder

macht, inspirieren dich, Dankbarkeit in dir zum Leuchten zu bringen. Und es findet sich immer etwas. Übe dich darin, dir jederzeit
über das Geschenk des Lebens bewusst zu sein, und sag Danke.
Weil du nicht hungerst, weil du keine Schmerzen leidest, weil deine Kinder lachen, weil die Sonne scheint, weil, weil, weil. So werden deine negativen Gedanken automatisch weniger. Du brauchst
nicht zu denken, dass du nichts Negatives denken sollst, das funktioniert nämlich nicht. Setze das Positive dagegen, und indem du
dich bedankst, wertschätzt du ja genau dies: das Schöne, das ist.
Jetzt.

Du kannst auch ein Ritual prägen mit deinem Gedankenyoga, vielleicht jedes Mal, bevor du dich auf deiner Yogamatte niederlässt.
Sende gute Gedanken in den Raum, in die Welt und/oder widme
dein Yoga einem anderen Menschen, einem Anliegen. Und wann
immer du im Lauf eines Tages Danke sagst, versuche dieses Danke
mit einem Hauch von Liebe zum Leuchten zu bringen. Das ist der
Atem des Gedankenyogas.

Yoga ist, ich habe es schon einmal gesagt, das bewusste Zurruhe-
bringen der Gedankenwellen. Diese Ruhe ist eine Voraussetzung,
um zum inneren Frieden zu gelangen. Du kannst sie nicht nur
durch Meditation und Konzentration erreichen, sondern auch,
wenn du das Oberste nach unten kehrst. Stell deine Gedanken mal
auf den Kopf: *Ich kann Peter nicht ausstehen, weil er immer so viel
redet. Peter hat für alles immer eine gute Erklärung.* Schwupps,
sieht die Welt anders aus.

Morgens bin ich immer total müde.
Ich genieße die Gemütlichkeit am Morgen.

Ohne Fleisch kann ich nicht leben.
Veganes Essen schmeckt mir sehr gut.

Bestimmt kriege ich in der Prüfung eine schlechte Note.
Ich werde eine prima Note bekommen.

Ich habe total Angst vor Hunden.
Hunde haben total Angst vor mir.

Und jetzt bist du dran: Wie hört es sich an, wenn du einige deiner Lieblingshorrorgedanken auf den Kopf stellst?

Gedanken sind oft faul und benutzen gern dieselben Bahnen: Autobahnen. Sich durchs Dickicht denken ist nämlich anstrengend und wird in der Regel vermieden – außer, man übt es vorsätzlich. Auch wenn man beim Yoga keine komplizierten Matheaufgaben löst, so ist der Geist doch stark gefordert. Rechts und links verschiedene Bewegungen vollführen und dabei bewusst präsent sein und nichts denken. Das schult ihn. Yoga stärkt den Geist, und ein wacher Geist muss nicht ständig mit Vorurteilen auf Autobahnen rasen und nachplappern, was alle reden. Der traut sich auch mal ins Unterholz. Dort verurteilen wir andere nicht, bloß weil sie anders denken als wir. Stattdessen versuchen wir, uns in sie hineinzuversetzen. Wir geben unserem sturen Schädel die Chance, geschmeidig zu werden, indem wir ihn auf den Kopf stellen. Wir nehmen eine andere Perspektive ein, um zu erkennen, dass oben nicht automatisch oben ist. Für einen anderen Menschen mag oben unten sein.

Wie größenwahnsinnig ist es eigentlich anzunehmen, die Welt sei so, wie wir das glauben? Wie kann sich jemals Frieden ausbreiten, wenn jeder jedem sein Weltbild aufdrängen will? Und muss es denn eines geben? Stell dich auf den Kopf und staune, was passiert. Stell deine Meinung auf den Kopf und iss die Nachspeise vor dem Hauptgang. Ist das schlimm? Ändere Reihenfolgen, Gewohnheiten, mach mal was anders. Spiel mit dem Kopfstand. Stell dein Leben auf dem Kopf! Du kannst nur gewinnen. Denn wenn du auf den Kopf stehst, ist dein Herz weit offen. Ja, wenn das so einfach wäre, wird mir oft entgegnet. Aber es ist einfach! Je mehr du gibst, desto mehr wirst du bekommen, um zu geben! Je mehr du übst, desto mehr Freiheit wirst du erfahren.

Dein Kind möchte auf den Fußballplatz. Jetzt. Mit dem Ball im Arm steht es vor dir. »Papa, bitte!«

Du denkst an die Zukunft. Du möchtest, nein, musst einkaufen. Und wat mutt, dat mutt, nicht wahr?

»Mach mal 'nen Kopfstand«, raunt es da in deinem Inneren. Der Little Guru, der dich den ganzen Tag über begleitet, weil du ihn morgens angeatmet hast, meldet sich zu Wort. Du kennst das Spielchen. Du weißt, dass du jetzt nicht auf der Straße vor dem Kindergarten einen Kopfstand machen musst. Mittlerweile beherrschst du den auch innerlich, indem du dir einfach vorstellst, du stündest auf dem Kopf. Ihr fahrt also einen kleinen Umweg zum Bolzplatz. Zehn Minuten, vier Tore. Dein Kind strahlt dich an. »Und jetzt gehen wir zum Supermarkt.« Dein Kind strahlt noch immer. Es hat viermal getroffen. Und du auch. Mitten hinein in deinen inneren Frieden »Ich kann Ihnen unmöglich mehr Gehalt zahlen«, sagt der Chef. Düst aber mit einem SUV durch die Gegend. Und wie seine Frau immer angezogen ist. Ausbeuter!

Mach mal 'nen Kopfstand. Stell dir vor, du wärst Unternehmer. Ganz schön viel Verantwortung. Wie wäre das für dich? Ach, soll er doch mit seinem SUV rumfahren. Ich könnte bei so einem Druck nicht in Frieden leben. Schön, dass der das für mich übernimmt. Eine Runde Licht und Liebe an den Chef!

In den Nachrichten schon wieder so viele Flüchtlinge in diesen Nussschalen auf dem Meer zwischen Afrika und Europa. Und es werden immer mehr! Wo sollen die denn alle hin?

Stell dich auf den Kopf und verwandle dich in einen von ihnen. Wie sieht die Welt aus seiner Perspektive aus? Er hofft auf Frieden. Denn er kommt aus einem Land, in dem Krieg herrscht. Wie kannst du für dich Frieden beanspruchen und ihn ihm verwehren?, fragt dein Little Guru. Und weil du auf dem Kopf stehst und die Perspektive gewechselt hast, weißt du, dass dein Little Guru recht hat. Dass der Frieden nur vollkommen sein kann, wenn alle Wesen daran teilhaben, auch Tiere, auch Insekten.

Mach dir bewusst, dass jeder Mensch einen triftigen Grund für das hat, was er tut. Du magst den Grund nicht kennen, deswegen ist er nicht weniger wichtig und weniger wert als der Grund, mit dem du eine gegenteilige Position vertrittst.

Und wenn gar nichts mehr geht: Schweige und lass deinen Little Guru sprechen. Günstigenfalls mit dem Little Guru des anderen Menschen. Denn wo Little Gurus kommunizieren, herrschen Liebe und Frieden.

Der Frieden mit dir selbst ist ein Beginn. Doch auch diesen kannst du nur erfahren, wenn die Menschen um dich herum in Frieden leben und sich wohlfühlen oder vielleicht sogar glücklich sind. Denn dein Glück und Frieden hängen ab von anderen, so wie deren Glück und Frieden von dir abhängt. Alles ist miteinander verbunden. Mitananda, sagt der Bayer. Mit *Ananda,* mit Glückseligkeit, ergänzt der Yogi.

DIE ERLEUCHTUNG
IN DER WINDEL

Nach vielen Sonnengrüßen und Kopfständen auf dem Balkon meiner Berliner Wohnung verließ ich die große Stadt. Denn einiges,
was ich geglaubt hatte, stellte sich vom Kopfstand aus betrachtet als
Irrtum heraus. Ich brauchte den Puls der Stadt nicht. Ich brauchte
nicht ständig Leute um mich. Ich brauchte den tollen Job nicht.
Ich hatte etwas unendlich Kostbares gefunden über den Umweg
des verunglückten Flickflack. Genau genommen war das der erste
richtige Kopfstand gewesen, wenn auch mit Karacho.
Ich zog zurück in meine Heimat Bayern ins schöne Fünfseenland
bei München. Ich hatte keinen Job, kein Geld, aber eine schöne
Aussicht. Und es ging mir genauso gut, nein, es ging mir viel besser
als in Berlin, und nicht nur mir – meiner ganzen Familie. Ich zog
in die Nähe meiner erstgeborenen Tochter Sina, und meine jetzige
Frau Diana liebt die Berge und das klare bayerische Wasser unter
dem weißblauen Himmel. Auch meine Eltern und alle unsere Ver-
wandten und viele Freunde freuten sich, dass wir »heimkehrten«.
Wir waren ja nur nach Berlin gezogen, weil MTV seinen Firmen-
sitz verlegt hatte. Nun würde mein und Dianas erstes gemeinsames
Kind in unserer Heimat Bayern zur Welt kommen. Und das freute
auch Frau Merkel. Sie wollte, dass es uns noch besser ging, und
bot mir und allen anderen Familien die Elternzeit auch für Väter
an. Diese Elternzeitmonate waren die schönsten meines Lebens.
Im Zusammenleben mit dem winzig kleinen Menschen Noah, meinem ersten Sohn, war alles auf den Kopf gestellt. Was ist wichtig?

Dass er aufstößt nach dem Essen. Was ist wirklich wichtig? Dass er lacht. Was ist außerdem noch wichtig? Dass er sich geborgen fühlt. »Na, Percy, langweilst du dich schon?«, fragten ehemalige Kollegen am Telefon, die noch immer mit so unwichtigen Kleinigkeiten beschäftigt waren wie Millionen von einem Konto auf ein anderes zu schieben. Während ich Windeln unter den Kinderpopo schob. Langweilen? Wie sollte ich mich langweilen, wenn ich bei mir selbst angekommen war? Und geben durfte. So viel geben. Und so unendlich viel zurückbekam. In meiner Elternzeit erfuhr ich die Fundamente der Weltreligionen und Philosophien. Dass nämlich die Voraussetzung für das friedliche Zusammenleben in der Fähigkeit liegt, die Perspektive zu wechseln, um Empathie zu empfinden. Für den anderen Menschen, ob Freund oder Fremder, egal, welche Hautfarbe er hat, egal, welches Geschlecht, er ist ein Mensch wie wir alle. Und er strebt nach Frieden wie wir alle.

Alle Weltreligionen und zahlreiche philosophische Schulen betonen den Wert der Selbsterkenntnis. Ich fand sie auch in der Windel. Manchmal suchte ich lange danach. Noah schrie, obwohl er gegessen und getrunken und Bäuerchen gemacht hatte. Sieh an, sein Frieden war nass. Ich wechselte die Windel, und alles war gut, Frieden kehrte ein. So erkannte ich mich selbst in der Rolle des Vaters. Die Liebe lehrte mich zu dienen, und Windeln wechseln war ein Weg zum Glück, zur Ruhe allemal. Erst wenn du dich selbst erkannt hast, kannst du deinen Nächsten erkennen, lieben, ihm dienen, dich in ihm spiegeln. Erst wenn der Frieden bei dir eingekehrt ist, kannst du ihn weitergeben. Es ist ein ständiger Prozess, von Augenblick zu Augenblick. Weil du darauf achtest, was du sagst, was du denkst, wie du dich verhältst. Und das alles übst du nicht nur auf der Yogamatte. Und hast es hoffentlich nicht vergessen, wenn deine Frau dir am Abend eröffnet, dass sie jetzt keine Lust mehr hat, jeden Tag mit drei Kindern zu verbringen. Sie will wieder arbeiten. Und du sollst zu Hause bleiben und die Kinder und den Alltag managen.

»Aber«, sagt der Mann in diesem Beispiel. *Aber* ist kein guter Anfang. Wieso *aber*, wenn sie doch nur ihre Meinung kundtut?

»Aber das geht nicht«, sagt der Mann. Und beweist, dass er dringend eines Kopfstandes bedarf.

Aber das geht nicht geht nämlich gar nicht. Immer wenn du denkst: *Das geht nicht,* solltest du besonders aufmerksam sein. Denn dann geht meistens doch was. A bisserl was geht imma, sagt der Bayer.

»Aber. Wovon sollen wir leben?«

»Es findet sich schon was.«

»Nie im Leben! Und ich verdiene doch mehr als du. Das wäre verschenktes Geld. Blödsinn wäre das. Das können wir uns nicht leisten.«

Und so geht es weiter. Peng, Peng, Peng, womöglich wird dann auch noch scharf geschossen, mindestens knallen Türen.

Was ist passiert? Eine Frau hat gesagt, dass sie gerne wieder arbeiten würde.

Atme mal, du Aber-Mann. Finde zurück zur inneren Ruhe. Es hat dich doch niemand angegriffen. Warum regst du dich so auf? Die Frau, die du liebst, hat dir etwas zur Kenntnis gebracht. Und weil dich das so aus dem Gleichgewicht gebracht hat, gerade deshalb: Forsche nach. Frag deinen Little Guru. Auf diese Weise kommen manchmal erstaunliche Dinge ans Licht. Deine Ängste, überflüssig zu sein. Deine Sorgen, den Kindern nicht genug bieten zu können. Deine Eifersucht: wegen der Kollegen deiner Frau. Deine Eitelkeit: Was werden die anderen von mir denken? Dein Ehrgeiz: Kriege ich dann noch genug Anerkennung? Deine sexuelle Attraktivität: Ich kann nicht auf meinen Büroflirt verzichten. Und deine Unsicherheit: Kann ich überhaupt die Kinder versorgen? Stell dich auf den Kopf und probier es aus!

Und stell dir vor, es gefällt dir. Stell dir vor, dass du inneren Frieden findest. Und deine Frau auch. Gut gelaunt kehrt sie von der Arbeit nach Hause, gut gelaunt begrüßt du sie. Euer innerer Frieden strahlt nach außen, auch die Kinder strahlen.

Ein Märchen?

Ja, das kenne ich schon. Wenn ich solche Geschichten erzähle, behauptet immer irgendjemand, das sei ein Märchen. Aber an Märchen wird doch auch geglaubt. Und viele werden wahr, wenn du ihnen in der Wirklichkeit eine Chance gibst. Sei wahrhaftig und lass dich von deinem Litte Guru leiten. So wirst du deinen Weg zum inneren Frieden finden.

Aber ist es nicht egoistisch, seinen eigenen Willen durchzudrücken? Man muss doch Rücksicht nehmen, gerade als Yogi, Yogini.

Ich sehe da keinen Widerspruch. Erstens bist du vor allem dir selbst gegenüber zur Rücksicht verpflichtet. Ja, schau dich ruhig mal um, ob du nicht versehentlich auf der Strecke geblieben bist, wenn du ein Leben führst, das entgegen deiner Bedürfnisse verläuft. Bedürfnisse, die du vielleicht noch nicht mal erkannt hast, weil sie nicht dem Bild von dir entsprechen, dem du entsprechen möchtest, weil du glaubst, ihm entsprechen zu sollen. Zweitens: Wie willst du andere Menschen glücklich machen, wenn du selbst es nicht bist? Wie sollen andere Menschen froh sein, wenn du ihnen zuliebe ein Leben führst, das du zum Teil ablehnst? Nur für sie? Wer will so etwas schon? Wir alle wünschen uns doch, freiwillig und um unserer selbst willen anerkannt, gemocht und geliebt zu werden.

Wenn du das tust, was du von Herzen gern tust, geht es nicht nur dir besser, sondern auch den Menschen in deiner Umgebung. Denn die Herzensenergie strahlt ab. Wenn du nur für deine Frau und die Kinder in einem Job bleibst, den du widerwillig ausführst, wie willst du da mit vollem Herzen nach Hause kommen und deinen Lieben etwas geben? Du bist doch völlig leer, ausgebrannt. Da ist nichts zu holen. Und das wird dir womöglich angekreidet von deiner Frau, die sich ihr Leben auch anders vorgestellt hat. Wenn du irgendwo auf dem Land wohnst und dich mit jeder Faser deines Körpers in die pulsierende Stadt sehnst: Zieh um! Wenn du dir schon immer einen Hund als Haustier wünschst, aber, aber, aber – geh ins Tierheim. Da wartet er doch schon. Und wenn du in seine Augen schaust, weißt du, dass aber nur ein Wort ist, dass aus vier Buchstaben besteht. Hund ist auch ein Wort mit vier Buchstaben, aber ein Hund ist ein Herz auf vier Beinen.

Freu dich, wenn du eine Idee, eine konkrete Vorstellung hast, wie du dein Leben zum Positiven verändern kannst. Setz diese Ideen um. Ohne Wenn und Aber! Ja, man muss dann vielleicht gelegentlich auf etwas verzichten. Aber das, was man gewinnt, ist ungleich kostbarer. Um mal einen Weltstar aus meiner ehemaligen Branche zu Wort kommen zu lassen: »Ein Mensch ist erfolgreich, wenn er zwischen Aufstehen und Schlafengehen das tut, was ihm gefällt.« Bob Dylan hat das gesagt.

DAS WUNDER DER FLIEGENDEN YOGAMATTE

Neulich nach einer Yogastunde erzählte mir eine Yogini, dass sie die von mir empfohlene Autobiografie meines Meisters Paramahansa Yogananda gelesen habe. »Ich fand das alles sehr interessant«, sagte sie. »Nur eines habe ich nicht geglaubt.«
»Und das wäre?«

»Dass er an einem Tag fünfundzwanzig Kilo zugenommen haben will.«

Da musste ich lächeln. Das anzuzweifeln käme mir nie in den Sinn. In Amerika spricht ein Mensch, und du hörst seine Stimme im bayerischen Andechs durch so ein kleines Teil, das du an dein Ohr hältst. Das kleine Teil kann auch filmen und hupen oder bellen. In Barcelona schießt jemand einen Elfmeter, und du kannst es in Echtzeit in München sehen. In deiner Brust kann das Herz eines verstorbenen Menschen schlagen.

Was halten wir für Wunder? Woran glauben wir? Und, was noch viel wichtiger ist: Glauben wir an uns selbst? Vertrauen wir uns? Wagen wir uns über Grenzen hinaus und haben den Mut, Grenzen zu erkennen? Das alles kannst du auf der Yogamatte üben. Die natürlich keine

Yogamatte bleiben muss, sondern sich in einen fliegenden Teppich verwandeln kann. Und der bringt dich in dein Wunderland, in dem der innere Frieden gedeiht. Und von hier aus breitet er sich aus. Jedes Mal, wenn du deinen fliegenden Teppich verlässt, trägst du ein Stück dieses Friedens hinaus in die Welt. Und wenn du mal eine echte Herausforderung suchst: Mach einen Kopfstand auf deiner fliegenden Yogamatte. Dein innerer Frieden hält dich im Gleichgewicht. Du hast alles, was du brauchst. Du musst nicht neidisch sein auf andere, deren fliegender Teppich bunter ist als deiner oder die auf einem toilettendeckelgroßen Handy surfen. Du bist im Frieden, also zufrieden, weil du weißt, dass du dein Leben lebst – so bewusst es dir möglich ist – und kein anderes, kein fremdes. Und frag dich ruhig einmal, ob der nigelnagelneue tolle Wagen auf dem Garagenplatz deines Nachbarn dich zufriedener machen würde. Vielleicht würdest du eher unruhig schlafen. Jemand könnte das ach so kostbare Kleinod, das eigentlich eher ein Großod ist, beschädigen. Wo Besitz ist, kehrt die Angst gern ein.

Ja, deine Kollegin führt jeden Tag ein neues Outfit vor. Aber musst du dir deswegen Stress machen und deinen inneren Frieden gefährden? Willst du tatsächlich mehr arbeiten, um dir die größere Wohnung leisten zu können, in der ein Zimmer für den Kleiderschrank reserviert ist? Oder reicht dir ein Schrank, und im Spalt vor der Wand ist genug Platz für deine zusammengerollte Yogamatte, von der aus du in friedlicher Mission zu Ausflügen in die ganze Welt inklusive Kosmos aufbrichst?
Trau dich, deine Vorstellungen und auch Wünsche auf den Kopf zu stellen. Ja, es gehört Mut dazu, sich vom Mainstream zu trennen. Aber es ist wahrhaftig und wenn alle auf ihren Yogamatten durch die Gegend surfen würden, wären viele in ihrem Alltag sicherlich zufriedener.
Vielleicht sollte ich mal wieder auf die Füße kommen. Man hat schon komische Ideen, wenn man die Welt auf den Kopf stellt! Aber sie sind noch längst nicht so komisch wie die »Realität«, oder das, was wir im Allgemeinen darunter verstehen. Waffen für den Frieden. Menschen foltern, um die Wahrheit zu finden. Zehntausende von Schweinen in einem Stall zusammenpferchen und deren mit Depression, Todesangst und Aggression verseuchtes Fleisch essen. Sich in eine Erdumlaufbahn schießen lassen und abspringen. Ohne fliegenden Teppich! Da sind fünfundzwanzig Kilo in vierundzwanzig Stunden doch ein Sahneklacks!

~~~~~

SHAKTI ODER: DAS WEIBLICHE UND DAS MÄNNLICHE PRINZIP

~~~~~

Das kleine Mädchen strampelt in rosa Klamotten, der kleine Junge in hellblauen. So gehört sich das. Wer das Mädchen in Hellblau und den Jungen in Rosa steckt, löst Irritationen aus, auch im 21. Jahrhundert.

Leicht irritiert fühlte ich mich auch, als mein Lehrer, eine Weile, nachdem ich ihn um einen spirituellen Namen gebeten hatte, »Shakti« sagte. Moment mal, fuhr es mir durch den Kopf. Mein erwartungsvolles Lächeln schmierte ab. Denn Shakti war doch eine weibliche Kraft, also rosa, beziehungsweise in ihrem Fall blutrot. Ich aber war ein Junge, hellblau, blau reicht auch. Ich hatte eher Shiva erwartet, die männliche Kraft. Mein Lehrer hatte die Geschlechterfrage einfach mal eben auf den Kopf gestellt.

»Shakti also.« Ich zögerte. »Das ist doch … die weibliche Urkraft?« Mein Lehrer lachte. Dann sagte er: »Da gibt es unterschiedliche Sichtweisen. Und was bedeutet schon männlich, was bedeutet weiblich. Ich bin sicher, der Name wird deiner spirituellen Entwicklung guttun.«

»Ja dann«, sagte ich und klang wohl nicht wirklich überzeugt, denn mitfühlend meinte er: »Wenn du möchtest, gebe ich dir einen zweiten Namen.«

»Nein, nein. Shakti. Shakti.« Ich sagte den Namen mehrmals. Er klang gut. »Ich nehme ihn an«, antwortete Shakti seinem Lehrer und dachte in den nächsten Wochen viel über das männliche und

das weibliche Prinzip nach. Ich selbst definierte mich als sehr männlich. Und hatte dann einigen Spott wegzustecken von Yogis und Yoginis. »Shakti«, säuselten sie. »Na, Süßer, kann man bei dir auch Hormonyoga für Schwangere machen?« Gutmütig lachte ich mit ihnen. Ich war inzwischen nämlich begeistert von dieser Anregung, mich mit meinen weiblichen Anteilen auseinanderzusetzen. Die Sache mit dem Namen hatte ich schnell geklärt. Für mich geht es bei Shakti feinstofflich um die göttliche Schöpfungskraft, und da spielt die Dualität keine Rolle. Länger dauerte es, meine weiblichen Aspekte zu finden und anzunehmen, denn es war für mich bis dahin schwierig, Gefühle zu zeigen, auch wenn ich sie spürte. Ein echter Mann heult nicht im Kino. Ein Indianer kennt keinen Schmerz, egal wie weh etwas tut. Klaps auf die Schulter – sei ein Mann. Dass ich seit meinem Abschied vom Showbiz mancherorts als Frauenversteher und Weichei tituliert wurde, machte mir allerdings nichts aus. Ich spürte viel zu deutlich, dass meine Entscheidung richtig war – sonst hätte ich es wohl auch mit meinem Little Guru zu tun bekommen. Auch wenn der Little Guru einen männlichen Artikel hat – er ist viel mehr als ein Mann. Sie ist auch eine Frau. Und Es. Das Göttliche funkt in ihm, in ihr.
Die Schubladen männlich und weiblich machen Spaß, dort, wo sie hingehören. Bei der Balz zum Beispiel. Da ist die Betonung von Unterschieden Teil des Spiels. Doch wir balzen ja nicht rund um die Uhr. Und auch wenn viele Menschen Flirten für höchst belebend halten, habe ich die Erfahrung gemacht, dass es noch spannender wird, wenn ich einen Schritt weiter gehe und aus diesen Schubladen herausspringe. Jeder Mann trägt weibliche Anteile in sich und jede Frau männliche, das kann man manchmal sogar im äußeren Erscheinungsbild deutlich sehen. Es gibt burschikose Frauen- und weiche Männertypen, und sie können sich mit den Jahren verändern. Einer wird weicher, ein anderer härter. Manch-

mal geschieht die Veränderung stündlich oder im Minutentakt: als harter Kerl ins Kino rein, als Heulsuse raus. Ja! So ist das Leben! Heute kannst du dich an meiner starken männlichen Schulter anlehnen, morgen umarme ich dich sanft wie eine Mutter, und übermorgen habe ich den Mut, mich von dir trösten zu lassen.

Yoga-Praktizierende sind meistens weiblich. So befinde ich mich oft in der inspirierenden Gesellschaft von Frauen. Yoga wurde in Indien früher fast ausschließlich von Männern geübt, es wurde ursprünglich von Männern für Männer erfunden. Frauen wurden meist ausgeschlossen und nicht in die Wissenschaft des Yoga eingeweiht. Im Westen praktizieren heute viel mehr Frauen als Männer Yoga. Das mag auch daran liegen, dass Männer sich gern untereinander messen und Wettkämpfe veranstalten, und das widerspricht dem Yoga nun mal.

Auch sind Männer häufig weniger gelenkig als Frauen und machen anfangs keine gute Figur auf der Matte. Und weil sie das stört, gehen sie lieber in die Muckibude, statt an ihren »Schwächen« zu arbeiten. Ich weiß genau, wovon ich spreche. Ich hatte alle diese Hürden ebenfalls zu nehmen. Mich brachte die Geburt meiner ersten Tochter zum ersten Mal in tiefe Verbindung mit meiner weiblichen Seite und zu einem natürlichen Umgang mit ihr. Heute kann ich auch ohne »Hintergedanken« eine Frau umarmen und ihr sagen, dass ich sie toll finde.

Ich bin davon überzeugt, dass es unzählige Männer gibt, die ihre weibliche Seite gern mehr ausleben möchten, das aber wegen der gesellschaftlich HERRschenden Vorurteile nicht wagen. Traut euch, Jungs! Yoga kann euch dabei unterstützen, denn es löst Dualitäten auf und stärkt uns nicht nur den Rücken. Wir erfahren die grenzenlose Freude, in einen Moment einzutauchen, auch wenn er nicht der Norm entspricht. Yoga verbindet Arm und Reich, Alt und Jung, Schwarz und Weiß, Mann und Frau – Yoga unlimited.

DIE INNERE BASIS – MULA BANDHA

Yoga ließ mich sogar Bereiche meines Körpers entdecken, die mir jahrelang und trotz meiner Ausbildung zum Fitnesstrainer sowie der intensiven Beschäftigung mit Kampfkünsten völlig unbekannt waren. Mula Bandha, am Beckenboden, auch Wurzelverschluss genannt, nimmt im Yoga eine zentrale Stellung ein. Und nicht nur im Yoga – in unser aller Leben. Umso seltsamer, dass viele körperbewusste Menschen immer nur über Bizeps und Sixpack reden. Die wahre Kraft, Lebensfreude, Energie sitzt im Beckenboden – und kann dort auch blockiert sein. Frauen kennen ihren Beckenboden spätestens ab dem Moment, wo sie eine Geburt erleben, denn im Beckenboden wird losgelassen, wenn neues Leben auf die Erde kommt. Männer müssen manchmal ein bisschen suchen, bis sie fündig werden.

Anatomisch betrachtet besteht der Beckenboden aus drei Schichten. Die erste Schicht ist wie eine liegende Acht um die Öffnungen des Afters und der Geschlechtsorgane gelegt. Die zweite Schicht verläuft quer von Sitzbeinhöcker zu Sitzbeinhöcker und die dritte – für das Mula Bandha wichtigste – Schicht verbindet das Steißbein mit dem Schambein. Wenn wir diese Muskelgruppe kontrahieren, kippt das Becken leicht nach vorne und das Kreuzbein richtet sich auf. Hierbei die zweite Schicht locker lassen! Nachfolgend die »Ortung«. Du kannst die Übung ohne Einschränkungen durchführen, außer während der Schwangerschaft oder kurz nach einer Operation am Beckenboden.

Nimm eine aufrechte Sitzposition deiner Wahl ein und spanne den Beckenboden einige Male an. Wenn du ihn nicht orten kannst, stell dir vor, du sitzt beim Pinkeln und es passiert etwas. Telefon klingelt, Kind schreit, egal, was: Du musst unterbrechen, den Harnstrahl abzwicken. Und genau das machst du jetzt, ohne auf der Toilette zu sitzen. Du baust die Spannung an dieser Stelle auf und löst sie wieder, und zwar im Atemfluss. Einatmend schließen, ausatmend lösen. Übe dies auch mit der Muskulatur um den After. Einatmend schließen, ausatmend lösen. Als Nächstes finde die Stelle genau in der Mitte zwischen den beiden. Kontrahiere diese isoliert von After und Harnröhre. Wenn das gut klappt, beginne nach einer Weile – vielleicht vergehen mehrere Tage – damit, die Spannung zu steuern, indem du das Schambein von vorne und das Steißbein von hinten zueinanderziehst, während du die Sitzbeinhöcker weit geöffnet hältst.

Wenn dir diese Praxis leichtfällt, integriere Mula Bandha bewusst in dein Yoga, und am besten auch in deinen Alltag. Zum Beispiel immer, wenn du etwas hochhebst: ein Kind, einen Getränkekasten oder den Hund in die Badewanne – aktiviere dein Mula Bandha. Natürlich auch, wenn du die frisch geheiratete Frau über die Schwelle trägst oder dein liegengebliebenes Auto anschiebst. Oder einfach nur, wenn du an der Kassenschlange wartest, beim Telefonieren, beim Fernsehen. Atme ein, spanne an, atme aus, löse. Wiederhole dies einige Dutzend Mal am Tag. Außerdem gibt es da noch eine der schönsten Nebensachen. Und die stärkst du durch Mula Bandha-Training ebenfalls: deine Libido. Der bewusste Umgang mit dem Beckenboden kann helfen, Hexenschüsse und sogar Bandscheibenvorfälle zu vermeiden. Du wirst ein neues Gefühl der Stabilität und Beweglichkeit und Kraft erfahren. Und deine Wirbelsäule bleibt geschützt und geschmeidig.

ASTEYA – NICHT STEHLEN

Asteya bedeutet im Sanskrit, nichts zu nehmen, was einem nicht gehört oder nicht gegeben wurde. Dies bezieht sich nicht allein auf materielles, sondern darüber hinaus auf geistiges Eigentum. Das macht Asteya auch so aktuell, wenn allerorten über das Urheberrecht diskutiert wird. Dazu gehört aber auch, sich nicht mit fremden Federn zu schmücken und sich nicht selbst zu bestehlen. Wie oft klaust du dir beispielsweise deine gute Laune? Und sag jetzt nicht, sie wurde dir geklaut. Von wem? Von deinem Kollegen, der schon wieder die letzte Seite ausgedruckt und kein Papier im Drucker nachgefüllt hat? So mächtig ist dein Kollege, dass er dir die gute Laune stehlen kann? Niemand kann das. Nur du. Du selbst kannst dich bestehlen – um das Bewusstsein, hier und jetzt am Leben zu sein und das Schöne zu sehen, das ist. Und es mit anderen zu teilen, weil es eben nichts zu stehlen gibt, schon gar nicht im Yoga. Ich war ziemlich verwundert, als ich – ein Neuling in der Yogaszene – hörte, dass man sich Yogaschüler klauen kann und Namen für Yogastile, Studios, Asanas, Klamotten und vieles mehr. Meiner Auffassung nach widerspricht es dem yogischen Gedanken, wenn ein Yogalehrer dem anderen vorwirft, er habe ihm seine Schüler geklaut. Eigentlich ist es fast lustig, denn Schüler sind doch keine Schuhe. Die können von sich aus abwandern. Es widerspricht auch der Auffassung, dass wir frei sind in unseren Entscheidungen und wahrhaftig das tun, was wir hier und jetzt als das Richtige empfinden. In meiner Eigenschaft als Yogalehrer möchte ich nicht, dass sich Yoginis und Yogis dazu verpflichtet fühlen, an meinem Unterricht teilzunehmen, weil sie irgendetwas unterschrieben haben. Oder die Ausbildung zum Yogalehrer durchziehen, weil sie es irgendwann mal beschlossen haben. Mit dieser Haltung würden sie sich bestehlen und ein Stück weit auch die anderen – nämlich um ihre Präsenz. Aus diesem Grund lasse ich mir für meine Ausbildungsseminare zum Yogalehrer keinen üblichen Vertrag unterschreiben. Wenn du dich zugehörig fühlst, dann bleibst du, wenn nicht, dann gehst du. Das schafft klare Energie.

Hin und wieder werde ich bei den Ausbildungen gefragt, ob ich denn keine Angst hätte, mir sozusagen selbst Konkurrenz heranzuzüchten, denn meine Schülerinnen und Schüler würden ja, da sie bei mir lernen, auch viel von mir übernehmen, quasi mitnehmen. »Du glaubst also, dass es so etwas wie Konkurrenz gibt?«, frage ich dann manchmal und betone, dass es bei mir um Kollegen geht. Nicht um Konkurrenz. Yoga und Konkurrenz – das passt für mich nicht zusammen. Ich gehe nicht davon aus, dass unsere Welt besser wird, wenn die Konkurrenz aus dem Feld geschlagen ist, was ja auch – logisch und yogisch betrachtet – niemals geschehen kann. Ich glaube, dass wir erst Frieden finden, wenn jeder sein eigenes Yoga praktiziert oder unterrichtet. Und dazu muss man nichts klauen, sondern wahrhaftig sein. Bei den Schülerinnen und Schülern, die ich bisher begleiten durfte, haben sich so viele unterschiedliche Fähigkeiten aufgefächert, dass man keinen und keine mit den anderen vergleichen kann. Jeder ist wundervoll auf seine Art, und jeder bekommt genau das, was für ihn in dem Moment richtig ist.

Im Jahr 2014 veranstaltete ich den Münchner Yoga-Tag. Ich übernahm diese tolle Idee von Patrick Broome und wollte von ihm wissen, warum er ausgestiegen war. Patrick wünschte mir einfach nur »Viel Spaß«. Den hatte ich dann auch, anders als erwartet, doch genauso, wie Patrick prophezeit hatte. Denn als ich die Münchner

Yogaschulen und -studios durchtelefonierte, stieß ich vielerorts auf Ablehnung. Man habe keine Lust, für andere Werbung zu machen. Und auch mir selbst wurde unterstellt, mich bereichern zu wollen. Angeblich wollte ich die Aufmerksamkeit auf mich lenken, anderen die Show stehlen.

Diese Geschichte beschäftigte mich lange. Ich verstand das nicht, denn saßen wir nicht alle in einem Boot beziehungsweise auf einer Matte? Wir vertraten den Geist des Yoga, da sollten wir doch miteinander in eine Richtung blicken. Wir wollten doch alle dasselbe? Und gerade wir Yogis und Yoginis sind angehalten, tiefer zu schauen und loszulassen, was nicht zu uns gehört oder unseren Weg des Friedens blockiert. Alles, was du siehst oder mit deinen Sinnen wahrnehmen kannst, gehört dir nicht. Es ist dir maximal für die Zeit deines Lebens geliehen. Schau dich um in deiner Wohnung, deinem Haus, deiner Garage, lass deinen Blick über die Dinge schweifen. Früher oder später wirst du all das loslassen … müssen. Übe dich darin, dass dein Loslassen freiwillig geschieht. Sei dir gewiss: Alles, was zu dir gehört, bleibt. Du beschwerst dein Leben unnötig, wenn du viele Dinge trägst, bloß damit kein anderer sie bekommt. Bleib im Fluss. Gönne jedem alles. Und man wird auch dir gönnen. Verschenke großzügig, und man wird auch dir schenken. Erwarte nichts – und lass dich überraschen.

In meiner ersten Zeit als Yogalehrer hatte ich nur wenige Schülerinnen und Schüler, und oft habe ich unterrichtet, ohne Geld dafür zu verlangen. Ja, manchmal habe ich sogar Geld ausgegeben, um zu unterrichten, weil ich Fahrtkosten hatte. Doch wenn ich an diese Zeit zurückdenke, fühle ich mich reich beschenkt. Ich erlebte wunderbare Yogastunden mit wundervollen Menschen. Hin und wieder waren wir nur zu zweit, zu dritt. Ich habe die Stunde trotzdem gehalten, und so ist es bis heute geblieben. Ob ein Schüler oder hundertacht – für mich macht das kaum einen Unterschied. Ich käme nie auf die

Idee, eine kleine Gruppe würde mir die Zeit stehlen, wie ich neulich gefragt wurde. Der Gedanke hat mich regelrecht amüsiert. Wie sollte man Zeit stehlen? Und wer könnte das tun? Doch nur ich selbst!

Aber auch ich kenne das Gefühl der gestohlenen Zeit – aus meinen letzten Tagen bei MTV, als mir klar war, dass ich mein Leben ganz dem Yoga widmen wollte. Wann immer wir das Gefühl haben, es würde uns Zeit gestohlen, ist dies ein wichtiger Hinweis darauf, dass wir nicht »brennen« für die Dinge, die wir tun, dass wir sie vielleicht anderen zuliebe tun, dass wir nicht wahrhaftig leben. Sobald wir wahrhaftig leben, wird dieses Gefühl verschwinden. Also kontrolliere immer wieder deine Motivation und mach dir bewusst, dass du ein Azubi des Höchsten bist. Als solcher kannst du das Höchste in allem und jedem erkennen und deine Welt auf den Kopf stellen. Und dich selbst!

Stiehl anderen keine Zeit, indem du sie mit Gedanken- und Wortmüll überschüttest. Sei achtsam mit deinen Äußerungen, reinige sie, ehe du sie ins Freie lässt.
Erfreue dich an der Klarheit deiner Gedanken.

Stiehl nicht die Gesundheit anderer Menschen, indem du Billigklamotten kaufst, die unter ausbeuterischen, an Sklaventum erinnernden Umständen hergestellt werden.
Freu dich, andere unterstützen zu können.

Stiehl nicht die Gesundheit anderer Menschen, indem du überflüssigerweise Auto fährst.
Freu dich, wenn du die Kraft hast, dich eigenständig fortzubewegen.

Stiehl nicht die Gesundheit anderer Menschen, indem du Lebensmittel kaufst, die unter ausbeuterischen Methoden angebaut, geerntet und hergestellt werden.
Erfreue dich an dem Guten, das dich nährt.

Stiehl nicht das Leben von Tieren, indem du Fleisch isst.
Freu dich am Anblick glücklicher Geschöpfe.

Stiehl nicht die Gesundheit von Tieren, indem du Produkte kaufst, für deren Entwicklung Tiere gequält wurden.
Freu dich, dass du deinen guten Gedanken gute Taten folgen lässt.

Stiehl nicht deine eigene Gesundheit, indem du deinen Körper schlecht behandelst.
Freu dich, dass dein Körper dir dieses Leben ermöglicht.

Nimm von den Ressourcen der Erde achtsam und dankbar, was du brauchst. Aber verschwende nichts. Stiehl anderen Menschen keine Lebensgrundlage.
Freu dich über den Frieden, den du mit deinen achtsamen Handlungen aussenden kannst.

DER KOPFSTAND

In meiner ersten Zeit als Yogi fragte ich mich, warum in den meisten Kursen, die ich besuchte, kein Kopfstand unterrichtet wurde. Ich erkundigte mich und hörte: »O nein, der Kopfstand ist nur was für Fortgeschrittene, du bist Anfänger, das geht nicht.«

Da brach Don King in mir durch. Ich hatte beim Capoeira nicht nur Kopfstand gemacht, ich hatte mich auf dem Kopf gedreht. Wo war das Problem? Meine Wirbelsäule war es jedenfalls nicht. Denn verrückterweise bereitete mir der Kopfstand keine Schmerzen. Doch ich übte mich in Geduld. Und wunderte mich. Warum wurden die Anfänger in den meisten Yogaklassen wie Sportmuffel behandelt? Oder wie Leute mit Gebrechen? Wenn mir jemand vor dem Yogaunterricht sagt: »Ich habe übrigens noch nie Yoga gemacht, ich bin Anfänger«, dann antworte ich meistens: »Das bin ich auch.«

Denn ist das letztlich nicht eine Frage der Definition? Du kannst ja den Anfang nur bestimmen, wenn du das Ende kennst. Vielleicht muss man aber auch gar nichts definieren. Und schon gar keine Körpersäfte bemühen, wie es manche Anfänger tun, die sich auch noch als blutig bezeichnen. So schlimm wird's beim Yoga nicht!

Ich bin gern Anfänger, weil der »Anfängergeist« etwas Wunderbares ist. Alles, was wir beginnen, tun wir mit voller Aufmerksamkeit und Konzentration. Sobald wir glauben, etwas zu können, werden wir nachlässig. Wir sind nicht mehr bei der Sache, die Gedanken schweifen ab, wir nehmen etwas zu locker, verlieren den Biss. Der Anfängergeist hängt sich voll rein. Und das genau ist die Haltung, die ich bei Yogastellungen bevorzuge: vollstes Engagement – egal, wie klein eine Bewegung sein mag –, volle Konzentration, ganz im Hier und Jetzt. Also schenk dir die Freude, als Anfänger Yoga zu praktizieren. Es ist eine Auszeichnung. »Jedem Anfang wohnt ein Zauber inne«, nannte der Dichter Hermann Hesse das.

Verrückterweise erleben auch Leute, die schon lange Yoga machen, unerwartete Herausforderungen, wenn sie vor der Yogastunde an ihrer Einstellung geschraubt und sich auf Anfänger resetted haben. Probier es mal aus, du wirst staunen.

Kinder, die noch nie Yoga gemacht haben, sind oft beweglicher als Yogis und Yoginis, die seit Jahren üben. Wer also ist hier der Anfänger – würde man allein die Gelenkigkeit beurteilen wollen. Aber Kinder sind auch im Alltag oft weiter als wir im yogischen Lebensfluss. Und so zeigt es sich noch einmal: *Anfänger* ist häufig nur eine Schublade. Ich bin für so wenige Schubladen wie möglich. Man hat dann einfach mehr Raum in seinem Lebensschrank. Und so hält man sich auch den Weg offen, von anderen zu lernen. Wer sich selbst als megafortgeschritten einstuft, wird sich wohl kaum herabbeugen können, um zu lernen. Es könnte ihm ja ein Zacken aus der Krone fallen, wie die alte deutsche Redewendung warnt. Aber gibt es etwas Schöneres, als zu lernen? Sich gegenseitig weiterzubringen? Wir sind doch niemals fertig mit dem Lernen. Wir hören erst auf zu lernen, wenn wir aufhören zu atmen. Und selbst das stelle ich in Frage. Es liegt an uns, wie wir mit den Chancen umgehen, die wir als Lernaufgaben gestellt bekommen. Wir können nicht nur von Leuten lernen, die »weiter« sind als wir. Ich lerne viel von meinen Kindern, obwohl sie noch keinen Dreisatz beherrschen, wohl aber Dreirad und Dreisprung. Und beim Dreirad, ich gestehe es offen, bin ich tatsächlich ein blutiger Anfänger mit den Knien am Lenker. Und wie viel habe ich von meiner Oma gelernt, die nicht mal eine E-Mail schreiben kann. Oder von irgendwelchen Menschen, denen ich zusehen oder zuhören durfte. Wir beschränken uns selbst, wenn wir glauben, nur von solchen Menschen lernen zu können, die uns haushoch überlegen sind. Deshalb ist die Position des Anfängers genial. Er darf immer und von jedem lernen. Ich lerne oft etwas von meinen Yogis und Yoginis. Anfänger wählen Wege in Stellungen – da würde ich nie draufkommen. Oder jemand zeigt in einer Stunde eine Variation einer Übung. Nicht aus Kreativität, sondern weil er rechts und links verwechselt hat oder aus irgendwelchen anderen Gründen. In den Augenwinkeln fällt mir das auf. Es sieht interessant aus. Ich sage vielleicht:»Ah, Hartmut variiert die Stellung. Lasst uns das alle mal ausprobieren.« Und dann machen wir alle die Stellung und erfahren, wie es uns dabei geht, und manches ist so anregend, dass ich es gelegentlich wiederhole. Ich empfinde es als große Bereicherung, Impulse aufzugreifen. Und ich muss auch nicht der Beste in meinem Yogaunterricht sein. Ist doch auch mal ganz hübsch anzusehen, wenn eine Schülerin hereingeschneit kommt, die jahrelang Ballett getanzt hat und durch die Stunde blättert, als wäre sie ein Bildband über Yoga – wenn sie es mit einem inneren Lächeln tut. Jede Asana ist so schön, wie du sie fühlst.

Wir alle sind gleichzeitig Lehrer und Schüler. Wie arm verliefe mein Leben, wenn ich beschließen würde, nichts mehr zu lernen! Lernen ist Entfaltung, und der Anfänger hat Narrenfreiheit. Heißt es nicht, dass gerade die Narren glückliche Menschen sind? Sie vergleichen sich vielleicht auch nicht mit anderen, was maßgeblich zur inneren Balance und Lebenszufriedenheit beiträgt. Der oder die Beste und Schönste und perfekt sein zu wollen, mündet im Stress. Dann ist nicht nur Yoga nicht mehr schön, nichts mehr ist schön. Konkurrenz mag das Geschäft beflügeln, im Yogaunterricht ist sie fehl am Platz. Denn du übst doch für dich. In guten Gedanken, idealerweise verbunden mit den Yogis und Yoginis um dich herum und durch sie mit der ganzen Welt. Und wenn du mal nach rechts oder links schielst, dann ärgere dich nicht, sondern freu dich, wie toll jemand in dieser Stellung steht. Lass dich anspornen, inspirieren. Und dann kehre mit deinem Bewusstsein zurück zu dir und spüre, wie toll sich deine Stellung für dich in diesem Moment anfühlt. Und wenn du mal aus der Balance kippst, fall mit einem Lächeln. Wie lernen Kinder das Laufen? Indem sie hinfallen und aufstehen, hinfallen und aufstehen ... Auch bei anspruchsvollen Übungen ist keine Goldmedaille zu gewinnen und kein Ruf zu verlieren. Bleib bei dir und probiere für dich aus, wie weit du in eine solche Stellung hineingehen willst und wie sie sich für dich anfühlt. Heute anders als gestern, so viel ist sicher.

Als ich selbst begann, Yoga zu unterrichten, verzichtete ich nicht auf Asanas wie den Kopfstand, die nach landläufiger Meinung eine lange Yoga-Praxis erfordern. Ich bot den Kopfstand auch Anfängern an. Er ist eine sehr wichtige Stellung. Oft wird er als »Vater der Asanas« bezeichnet – vielleicht, weil Männer gern alles mit dem Kopf lösen wollen? Der Kopfstand fördert das körperliche Gleichgewicht und kräftigt die gesamte Rumpfmuskulatur, der Rückfluss des Blutes und das Herz-Kreislauf-System werden stimuliert. Seelisch schenkt uns der Kopfstand Selbstbewusstsein, gute Laune. Und wir bauen Stress ab – der Geist beruhigt sich.

Wieso sollte ich diese wunderbare Übung meinen Schülerinnen und Schülern vorenthalten? Schon nach meiner ersten Stunde, bei der im Übrigen niemand umfiel, sich den Rücken brach oder anderweitig verletzte, was bis heute in meinem Unterricht auch noch nie vorgekommen ist, kam eine aufgebrachte Schülerin zu mir. »Das kannst du doch nicht machen! Das ist fahrlässig! Kopfstand ohne Hilfestellung! Wenn da einer auf den Boden knallt!«

»Ja«, antwortete ich. »Das liegt dann aber nicht am Kopfstand, sondern an der Hilfe- beziehungsweise der Einstellung. Mit rechts und links einem Hilfesteller nimmt der Hilfsbedürftige in der Mitte gern zu viel Schwung.«

Wenn du dich mit deinem Little Guru verbindest und visualisierst, wie du auf dem Kopf stehst – oder je nachdem, wie weit du gehen möchtest –, kannst du nicht umfallen. Du bist eingebettet in Vertrauen, du überforderst dich nicht, und wenn du dich entscheidest, einen halben statt ganzen Kopfstand zu machen, dann zählt der halbe wie ein ganzer, weil es allein auf dein Empfinden jetzt im Moment in der Stellung ankommt. Das ist Yoga: nicht funktionieren um jeden Preis, sondern herausfinden, was jetzt angesagt ist. Beharre nicht auf einen Status, den du erreicht hast. Heute mag der Kopfstand gelingen, morgen oder nächste Woche nicht. Yoga ist kein Zustand, den du festhalten kannst. Auch deine Yoga-Praxis hängt von deiner Tagesform ab. Wenn du mit deinem Little Guru verbunden bist und bewusst atmest, wird sie gut sein. Aber nimm auch schlechte Tage an. So werden sie zu guten.

Manchmal kommt es mir so vor, als würden beim Kopfstand schon mal Gedanken meiner Yogis und Yoginis auf die Matten purzeln. Gerade bei dieser Asana verraten wir viel über uns selbst. Sind wir geduldig oder ungeduldig, ängstlich oder übermütig, konzentriert oder abgelenkt? Für manche stellt der Kopfstand eine Mutprobe dar. Und so eignet er sich auch vortrefflich dazu, Denkmuster zu überprüfen. Manche Menschen wollen den Kopfstand nicht mal pro-

bieren – unfrei nach dem Motto: Das kann ich doch sowieso nicht. Glaube mir: Jeder, der will, kann auch! Beim Kopfstand ist die innere Haltung sehr wichtig, der Glaube an sich selbst. Und letzten Endes braucht es auch ein Quäntchen Mut, doch wer nicht wagt, der nicht gewinnt. Solange dein Atem ruhig und gleichmäßig fließt, ist eine Überforderung nahezu unmöglich. Wenn du an deiner individuellen Grenze für diesen Moment angekommen bist, kontrolliere dich: Wie fühlst du dich? Und wie gehst du damit um, wenn beispielsweise dein Nachbar, der zum ersten Mal im Leben Yoga macht, bereits auf dem Kopf steht, während sich deine Zehen noch immer nicht vom Boden lösen mögen? Bleib bei dir. Freu dich über das, was du erreichst. Und wo wir gerade dabei sind: Wieso schaust du überhaupt zu deinem Nachbarn? Manche brechen auch in Jubel aus, wenn der Kopfstand zum ersten Mal gelingt – so, jetzt wissen es aber auch wirklich alle im Raum, wie toll ich bin, wenn sie schon nicht schauen –, um gleich darauf die Balance zu verlieren. Bleib bei dir und konzentrier dich auf das, was der Kopfstand dir jetzt, heute und hier zu bieten hat. Vertraue darauf: Mit Geduld und Aufmerksamkeit wird dir die Welt auf dem Kopf eine tiefere Erkenntnis schenken. Es ist nicht alles so, wie wir glauben, meinen, denken. Das ist das spannende am Leben, und der Kopfstand erinnert uns daran.

YOGA-PRAXIS: KOPFSTAND – SHIRSHASANA

Besondere Achtsamkeit ist beim Kopfstand gefordert, wenn du an Durchblutungsstörungen oder Bluthochdruck leidest sowie bei allen entzündlichen oder chronischen Erkrankungen des Kopfbereiches und der Augen. Alle Übungen im Yoga setzen Eigenverantwortung voraus. Wenn du selbst unsicher bist, erkundige dich bei einem Mediziner oder auch bei deinem Yogalehrer, deiner Yogalehrerin.

1. Komm in den Kniestand und lass deine Unterarme auf den Boden sinken. Bilde ein Dreieck. Verschränke die Finger ineinander bis auf die kleinen Finger. Leg diese voreinander, um unnötigen Druck zu vermeiden. Öffne die Handflächen so, dass dein Hinterkopf dort bequem Platz findet.

2. Bring nun deinen Scheitel auf den Boden, sodass der Hinterkopf gänzlich von den geöffneten Handflächen gestützt wird und der Nacken sich nahezu senkrecht zum Boden befindet. Die Unterarme, Handgelenke und Hände haben festen Kontakt mit dem Boden.

3. Stell deine Zehen auf und atme noch einmal tief und ruhig. Konzentriere dich auf das, was du vorhast. Visualisiere dich vielleicht für einen Moment im Kopfstand. Und strecke dann mit der nächsten Einatmung die Beine durch, sodass das Gesäß nach hinten oben zeigt.

4. Ausatmend wandere langsam mit deinen Füßen in Richtung Kopf, bis du ganz auf deinen Zehenspitzen stehst und das Gefühl hast, die Füße leicht abheben zu können. Stabilisiere davor noch einmal deine Rumpfmuskulatur. Genau genommen stehst du jetzt bereits auf dem Kopf und wirst vielleicht auch schon etwas Druck spüren können. Achte darauf, das Gewicht über allen Auflagepunkten gleichmäßig zu verteilen. Überfordere dich nicht!

5. Bist du geübt und oder gut drauf, dann kannst du mit der nächsten Einatmung dein Becken weiter nach hinten rollen/ heben, bis deine Füße mühelos vom Boden abheben. Praktiziere dies ohne Schwung.

6. Ausatmend zieh deine Knie in Richtung Brust und bring dann eine Ferse nach der anderen zu deinem Gesäß. Verharre hier für einige tiefe Atemzüge und überprüfe dein Gleichgewicht, deine Tagesform, deine Freude, deinen Atem und die Verbindung zum Little Guru.

7. Strecke einatmend deine Beine nach oben in Richtung Decke und verweile, solange du ein gutes Gefühl hast. Verlängere noch einmal deine Wirbelsäule, verteile dein Gewicht auf die Auflagepunkte und entspanne dich stabil und ruhig in dieser Position.

8. Beende die Stellung langsam und gleichmäßig auf umgekehrtem Weg. Je länger und intensiver du in einer Asana verweilst, desto langsamer und konzentrierter löse auch wieder auf. Beende die Übung in der Kleinkindstellung: Lass dein Gesäß auf die Fersen sinken, die Stirn in Richtung Boden und die Hände nach hinten. Verweile für einige Atemzüge zum Nachspüren in dieser Position.

Eine Alternative für Yogis und Yoginis, die aufgrund von Nackenbeschwerden oder aus anderen Gründen keinen Kopfstand praktizieren wollen:

1. Komm in den Kniestand und lass deine Unterarme auf den Boden sinken. Bilde ein Dreieck. Verschränke die Finger ineinander bis auf die kleinen Finger. Leg diese voreinander, um unnötigen Druck zu vermeiden. Leg nun die Handflächen flach auf den Boden, sodass Daumen und Zeigefinger ein Dreieck bilden. Unterarme, Handgelenke und Hände haben festen Kontakt zum Boden.

2. Stell deine Zehen auf und atme noch einmal tief und ruhig. Konzentriere dich und strecke mit der nächsten Ausatmung die Beine durch, sodass das Gesäß nach hinten oben weist und der Kopf locker in der Luft hängt.

3. Wandere langsam mit deinen Füßen in Richtung Kopf, bis sich dein Becken nahezu senkrecht über deinen Schultern befindet. Stabilisiere noch einmal deine Rumpfmuskulatur. Verweile hier für einige tiefe Atemzüge und überprüfe dein Gleichgewicht, deine Tagesform, deinen Spaß und deinen Atem sowie die Verbindung zum Little Guru. Sei entspannt und stabil.

4. Löse die Stellung langsam und gleichmäßig umgekehrt wieder auf. Je länger und intensiver du in einer Asana verweilst, desto langsamer und konzentrierter löse auch wieder auf. Beende die Übung in der Kleinkindstellung: Lass dein Gesäß auf die Fersen sinken, die Stirn in Richtung Boden und die Hände nach hinten. Verweile für einige Atemzüge zum Nachspüren in dieser Position.

MANTRA

Das Mantra für diese Übungen lautet: **Om Namah Shivaya**
*OM, der heilige Urlaut, das alles Umfassende, Namah bedeutet
in diesem Zusammenhang: Ich verneige mich. Shivaya steht für
Shiva, eine Gottheit der Yogis. Er ist sowohl der Liebevolle, Gütige,
als auch der Zerstörer und Transformierer. Dies ist ein sehr kraft-
volles Mantra, das sich gut dazu eignet, Hindernisse aus dem Weg
zu räumen.*
*Es kann aber auch als Grußformel übersetzt werden: Ich grüße das
Gute und das Liebe und das höhere Selbst in dir.*

LIEBE! DEIN LEBEN

und das Leben liebt dich

Bei Liebe denken die meisten Menschen an Beziehungen, also an die Liebe im Äußeren. Wer mit wem und wer nicht mehr, Flirt-tipps, Liebesromane, Liebesfilme – ohne Liebe geht gar nichts, und vor allem verkauft sich ohne Liebe nichts. Denn dazu gehört der Sex, und »Sex sells«. Diese Liebe im Außen ist so laut und so über-mächtig, dass wir manchmal die Stimmen der Liebe im Inneren nicht hören und ihre kleinen Gesten nicht wahrnehmen können. Denn oft ist die Liebe zart, weich, sie erblüht in Augenblicken, nur ein Hauch. Und wenn wir mit offenen Augen durch die Welt laufen, sehen wir diese kleine große Liebe auch im Außen, und wer sie erkennt, ist tief bewegt und von innen heraus gewärmt. Denn in dem Augenblick, wo du die Liebe siehst, berührt sie dich, auch wenn du scheinbar nichts damit zu tun hast. Liebe ist universell. Die Mutter, die ihr Kind im Buggy zudeckt. Der Autofahrer, der jemandem die Vorfahrt lässt. Die Amsel, die ihren Nachwuchs füttert. Der Wind, der das Getreidefeld zu streicheln scheint. Das Buch, das die Schriftstellerin geschrieben hat, die dich zum Lachen und Weinen bringt. Die Musik, die deine inneren Saiten zum Tönen bringt. Die Art und Weise, wie du einen Yogaraum betrittst. Und wie du deine Matte auf den Boden legst. Deine Bewegungen im Tanz. Oder wie du dich nachts im Bett einrollst. Das Gefühl, wenn du eine Matheformel endlich verstehst. Das alles kann Liebe in dir zum Klingen bringen. Sobald sie in dir erschallt, sendet sie ihre Wellen weiter nach außen.

Luft und Liebe. Ohne können wir nicht leben. Solltest du nun einwenden, dass es doch Menschen gibt, die niemals einen Partner haben, dann hast du die universelle Liebe, aus der die Liebe zu uns selbst erwächst, und die Liebe zu einem oder mehreren bestimmten Menschen miteinander verwechselt.

Kurioserweise kenne ich keine Filme über Menschen, die sich selbst lieben, oder Liebesromane, in denen nicht Ich und Du, sondern Ich und Ich die Hauptrolle spielen. Da fehlt die Romantik, weil die Erotik fehlt, weil der Sex fehlt. Und Sex ist ein zentrales Thema in unserer Zeit, alles dreht sich darum, wir sind total overdosed – und versuchen im Yoga wieder runterzukommen, wobei wir eigentlich schon draufkommen wollen. Auf den Sinn des Lebens, die Verbindung zu sich selbst und anderen: Liebe.

Was ist nun aber so wichtig an der Liebe zu sich selbst – ist das nicht eher total egoistisch und un-yogisch? Nun, wie willst du etwas geben, was du nicht hast, was du nicht imstande bist zu spüren?

Du bist liebenswert.

Jeder Mensch ist liebenswert.

Mach niemals die Liebe fest an Äußerlichkeiten à la: Wenn ich abgenommen habe, liebe ich mich. Wenn ich die Prüfungen geschafft habe, liebe ich mich.

Verankere deine Liebe in deinem Inneren. Und wenn dir das schwerfällt, bitte deinen Little Guru, dir dabei zu helfen, dich zu lieben, so wie du bist. Gerade weil du so bist, wie du bist. Niemand kennt dich so gut wie dein Little Guru, denn er wohnt in deinem Inneren. Wem also sollst du vertrauen, wenn nicht ihm? Meinungen und Schönheitsideale ändern sich, der Little Guru ist die universelle Weisheit, und er kennt deine Wahrheit. Er sagt dir: Du bist es wert, geliebt zu werden. Schön, dass es dich gibt. Schön, dass du da bist. Spürst du es? Und spürst du die Liebe in dir fließen? Sie kann nicht *nicht* fließen. Sie fließt in jedem Menschen. Und wenn sie im Moment nur tröpfelt, frag deinen Little Guru, ob er den Hahn etwas weiter aufdrehen könnte! Soviel mir gesagt wurde, gehört das zu seinen Lieblingsbeschäftigungen.

Liebe ist überall. Auch dort, wo du dich gerade befindest. Schau dich einmal um. Wo entdeckst du Zeichen der Liebe? In deinem CD-Regal, Musik mit Liebe eingespielt? An der Wand neben dem Fenster, die dein Vater für dich gestrichen hat? In dem Sofakissen, das deine beste Freundin für dich bestickt hat? Oder hörst du sie zu deinen Füßen, wo deine Katze schnurrt? Tanzt sie dir gar auf dem Kopf herum, weil deine Kinder ein Stockwerk höher Halligalli machen? Oder riechst du sie, weil ein Duft aus dem Backofen herüberzieht? Jemand anders hat etwas gebacken. Für dich. Oder du hast etwas gekocht. Mit Liebe.

Erkenne die Liebe in deinem Leben, in deiner Umgebung. Sie muss nicht riesengroß sein, sie kann auch ein geputzter Boden sein, dein erstes Parkett, über das du dich gefreut hast – und es trägt dich und glänzt von innen und außen, ganz ohne Meister Proper. Denn du hast es mit Hingabe geputzt.

Und warum nicht auch die Karotten mit Hingabe putzen, gerade wenn es um die Zubereitung von Nahrung geht? Und seinem Auto mal aufs Lenkrad klopfen: Danke, alter Kumpel. Das sind nur Dinge? Ja, vielleicht. Was wissen wir schon. Mach dich doch mal auf eine Entdeckungsreise und such den größten Schatz, den du finden kannst: die Liebe! Damit sie auch dich findet.

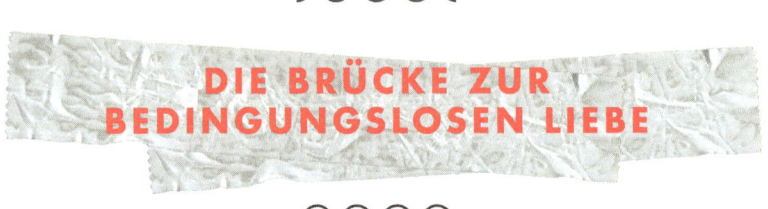

DIE BRÜCKE ZUR BEDINGUNGSLOSEN LIEBE

Wenn es dir schwerfällt, die Liebe an den äußeren Dingen festzumachen, belebe sie in deinem Inneren. Zieh dich für einige Minuten zurück an einen Ort, an dem du zur Ruhe kommst. Schließ vielleicht die Augen und konzentrier dich auf *bedingungslose Liebe.* Was fällt dir ein, was kommt dir spontan in den Sinn, wenn du bedingungslose Liebe denkst? Deine Oma? Dein Kind? Dein Haustier? Deine Arbeit? Eine kleine Geste? Ein Geschenk? Eine Begebenheit? Achte auf das Gefühl, das dich überflutet. Vielleicht hast du Gänsehaut oder Schmetterlinge im Bauch, oder es wird dir warm. Egal, was es ist, du weißt nun, dass du dich mit diesem Bild, dieser Erinnerung, es kann auch ein Geräusch sein oder ein Geruch, mit der bedingungslosen Liebe verbinden kannst. Dieses Bild ist deine Brücke zur bedingungslosen Liebe. Geh mehrmals täglich über diese Brücke, auch das ist Yoga.

Eine Freundin erzählte mir: Mein Vater, er ist neulich gestorben und ich liebte ihn sehr, hat so gern Vögel beobachtet. Als ich mich auf die bedingungslose Liebe konzentrierte, fiel mir ganz schnell mein Vater ein. Ich vermisse ihn, aber er war wirklich schon sehr alt. Ich kann sein Nicht-mehr-da-sein gut annehmen und bin dankbar für die letzte Zeit, die wir miteinander verbracht haben. Oft saßen wir schweigend in seinem Schrebergarten und beobachteten die Vögel, die zum Teil so zahm waren, dass sie ihm Erdnüsse aus der Hand nahmen, die er für sie aufbrach. Auf einmal hörte ich einen Vogel zwitschern. Es war ein Star – der Lieblingsvogel meines Vaters. Der Star saß auf einem Baum mit schräg geneigtem Kopf und schaute in meine Richtung. Als würde er mich in Stellvertretung meines Vaters grüßen. In diesem Moment war ich erfüllt von bedingungsloser Liebe für alle und alles. Und zutiefst dankbar. Am nächsten Tag habe ich Erd-

nüsse gekauft. Jetzt ist es so, dass ich die Nüsse bloß sehen muss, und schon komme ich in diesen wunderschönen Zustand. Aber vielleicht geht es den Staren ja genauso, wenn sie Erdnüsse sehen!

LIFE IS A LOVESONG

Entdecke die Liebe, die in jedem Augenblick steckt. Der Blick, den dir die alte Frau am Straßenrand zuwirft. Die Katze, die sich auf deinen Schoß setzt. Das Lied der Lerche am Abend. Die warme Schlabberzunge des Hundes, der sich so sehr freut, dass du wieder da bist. Der dampfende Teller vor dir auf dem Tisch. Das Surren der elektrischen Zahnbürste. Das Pfeifen des Teekessels. Die Kirchenglocke im klaren blauen Sonntagshimmel. Den Atem eines vertrauten Menschen. Hörst du diese Liebeslieder? Du bist da, du bist am Leben, du atmest … was ist im Moment schön? Dass du ein eigenes Bett hast, in das du gleich schlüpfen darfst? Dass der Tee fertig ist? Dass du keine Zahnschmerzen hast? Was ist es?

Hör mal, wie der Wind säuselt! Das ist gar kein Song, das ist ein Gedicht. Am Himmel verschmelzen zwei Wolken ineinander. Liebe. »Möchten Sie vorgehen«, fragt der Nächste in der Kassenschlange. Liebe. Irgendwo riecht es nach frischem Kuchen. Und wann immer du erkennst, dass dich ein Hauch der Liebe streift, verbinde dich damit. Nimm die Liebe tief in dich auf. Wenn du diese kleine und große Liebe wahrnimmst, bist du selbst in der Liebe. Oft merkst du es auch daran, dass du Gänsehaut bekommst, weil du berührt, angerührt, ergriffen bist. Erkenne diese Momente als Lichtblicke, Liebesblicke. Sie verbinden dich mit deinem Little Guru und durch ihn mit allem und allen. Denn der Magen des Little Guru ist die Liebe, und du weißt ja, wodurch die Liebe geht: durch den Magen, ja, auch durch den Magen.

Ein Freund von mir reiste nach Indien, um dort eine Yogalehrer-ausbildung zu machen. Er fand Indien laut und schmutzig und fühlte sich nicht wohl. Dann wurde ihm seine Kamera gestohlen. Jetzt fand er Indien auch noch gefährlich. Wollte er wirklich Yoga-lehrer werden?, fragte er sich. Eines Tages sah er eine magere jun-ge Frau in buntem Sari mit ihrem Säugling in einem Dreckhaufen sitzen. Um sie herum leuchtete es. Die Mutter glühte vor Liebe. Der Dreckhaufen brannte. Die Welt stand still. Dann lachte der Säug-ling. Mein Freund kaufte sich eine neue Kamera und reist seither durch die Welt – auf den Spuren der Liebe. Er fotografiert die Liebe, wo er sie findet, und das sind oft sehr ungewöhnliche Orte. Wenn wir unseren Blick schulen, entdecken wir die Liebe. Denn es ist nicht so, dass die Welt immer schlechter wird und härter und käl-ter. Es kommt darauf an, was du in dir selbst trägst, was du sehen kannst, was du sehen willst, was du wachsen lässt. Ob dein Leben zu einem Liebeslied wird.

Bestimmt kennst du das Zitat von Ricarda Huch »Liebe ist das Ein-zige, was wächst, indem wir es verschwenden.« Je mehr Liebe du in deinem Leben zulässt, desto mehr Liebe wirst du aussenden und empfangen. Die Liebe wird dich auch zum Glück führen. Denn in der Liebe sind wir glücklich. Und sie ist alles andere als kompli-ziert: Liebe ist das Einfachste, was es gibt. Sie entsteht einfach so. Unmittelbar. Aber vielleicht ist das zu leicht für den Menschen von heute, der für alles Regeln, Konzepte, Formeln braucht.

Oft zählen Menschen, wenn sie nach der Liebe gefragt werden, ihre Erwartungen auf: Ich muss total frei sein in einer Beziehung, ich verlange Treue, er muss Kinder mögen, sie soll lange Haare haben, er soll sportlich sein, sie soll mit mir zum Fußball gehen, er muss Geld haben, ich will respektiert werden, ich brauche ein eigenes Zimmer für mich, ich will auch mal allein verreisen, ich möchte, dass wir jede freie Minute zusammen verbringen ...

Wie soll denn da Liebe entstehen? Wenn alles, was sich entwickeln könnte, erstickt wird durch die Vorstellungen, wie etwas sein soll? Und wo sind die vollen Hände, die zuerst geben und dann empfangen? Liebe erwächst aus Vertrauen, und das gibt es nur auf Vorschussbasis. Wer zuerst Beweise verlangt, um später dann vielleicht vertrauen zu können, macht seinem Little Guru Kummer. Aber der findet schon Wege. Die findet der Little Guru immer, wenn wir ihn lassen, wenn wir bewusst zu ihm hin atmen. Und weich werden. Und spüren. Dann geschieht alles von selbst. Liebe fließt.

Und deshalb: Stell die Frage auf den Kopf. Gerade wenn du Stress in deiner Beziehung hast. Erkläre nicht, was du selbst brauchst, was du dir vorstellst, was du dir wünschst. Frag stattdessen deinen Partner: »Was brauchst du?«

Und staune, was dann geschieht. Es könnte doch sein, dass das, was du brauchst, genau das ist, was auch dein Mann, deine Frau braucht.

Finde für dich heraus, wie die Liebe beschaffen ist, die du in dir spürst, die du weitergeben möchtest. Die Yogamatte ist ein wunderbarer Ort, um sich in die Liebe zu vertiefen. Wenn du den Yogaraum betrittst, tust du das vermutlich barfuß. Nutze den Moment, in dem du deine Schuhe ausziehst. Es ist viel mehr als ein Abstreifen oder Aufknoten. Du befreist deine Füße für den Kontakt mit der Liebe, die aus der Mutter Erde aufsteigt, durch deine Füße hoch zu deinem Kopf und weiter bis in den Himmel. So stehst du da zwischen Erde und Himmel auf deiner Yogamatte. Liebe fließt. Spüre den Boden unter deinen Füßen, Schritt für Schritt, wenn du von der Umkleidekabine in den Yogaraum gehst. Und dann betrete auch deinen inneren Raum. So kommst du an auf deiner Matte in deinem inneren Raum mit anderen Yogis und Yoginis in ihren inneren Räumen, alle miteinander im Yogaraum, einem Raum der

Liebe, der abstrahlt in den Weltraum und von dort zurückstrahlt. Du kannst dir auch ein eigenes Ritual schaffen, wenn du nicht längst schon eines praktizierst, mit dem du dich auf die Yogastunde einstimmst. Bei mir ist es unter anderem die Art und Weise, wie ich meine Matte ausrolle. Das mache ich in der Luft, und dann lege ich meinen fliegenden Teppich auf den Boden. Jetzt ist die Stunde offiziell eröffnet, die zuvor schon in mir war.

Wie betrittst du deine Yogamatte? Irgendwie? Oder bewusst? Alles, was wir tun, kann zu einer Achtsamkeitsübung werden – indem wir mit unserem Fühlen und Denken im Jetzt, bei der jeweiligen Tätigkeit sind. Und alles, was du mit Achtsamkeit behandelst, wirst du lieben. So einfach ist das.

An die Achtsamkeit schließt sich die Verantwortung an. Auch sie entspricht der Liebe. Eine Yogini, ein Yogi ist aufmerksam und sieht, ob die Kerzen schon angezündet sind. Ist das Fenster geöffnet oder geschlossen? Ach, da drüben ist ein neues Gesicht. Der junge Mann sieht schüchtern aus. Ich lächle ihm mal zu. Und Susanna scheint schon wieder zu frieren, ich drehe die Heizung höher. Kleine Aufmerksamkeiten, die abstrahlen. Und wenn die Yogastunde zu Ende ist: Stürm nicht gleich raus. Verabschiede dich von deinem Yogalehrer, der Lehrerin, den Teilnehmern und Teilnehmerinnen. Das muss nicht persönlich sein, du kannst es auch liebevoll für dich selbst in deinem Inneren tun. Auch das kommt an. Liebe kommt immer an.

YOGA AUS DER FÜHRUNG DER SEELE

Liebe ist ein ruhiger, breiter Fluss, auch wenn sie irgendwann einmal als sprudelnde Quelle der Verliebtheit begann, die vielleicht sogar einer Verknalltheit entsprang. Man kann sich nicht nur in Menschen verlieben, sondern auch in Dinge, Tätigkeiten. Verliebtsein ist begeistert sein. Ich war zum Beispiel rasend verliebt in Yoga – und bin es noch immer –, als ich es endlich für mich entdeckte. Man könnte sagen, wir waren schon lange befreundet, und eines Tages knallte es, und ich stand in lodernden Flammen. Und dann wollte ich ganz schnell eine Ausbildung zum Yogalehrer machen. Bei Shivananda in Kitzbühel – nicht weit von Bayern entfernt – dauerte die Ausbildung nur sechs Wochen. Ich wollte mich gerade anmelden, da rief meine Mutter an. Sie praktizierte mittlerweile auch Yoga, ich hatte sie wie so viele andere mit meiner Begeisterung angesteckt. Meine Mutter erzählte mir von einem ganz tollen Yogalehrer. »Ich habe das Gefühl, ihr würdet gut zueinanderpassen«, meinte sie. »Ihr liegt, glaube ich, auf einer Wellenlänge.«

Na, wenn deine Mutter dir so was sagst, dann schaust du doch mal, oder? Tatsächlich wurde die Begegnung mit Manohar zu einem Wendepunkt in meinem Leben. Heute würde ich sagen, dass Manohars Little Guru sofort an meinem Little Guru andockte. Wobei es natürlich auch sein kann, dass Manohar diese Umleitung gar nicht brauchte, sondern direkt mit meinem Little Guru kommunizierte.

Und so begann ich keine sechswöchige Ausbildung in Kitzbühel, sondern eine dreieinhalbjährige bei Manohar im *Sommerland,* die unter dem Motto stand: »Yoga aus der Führung der Seele.« Diese Führung hatte ich auch nötig, denn ich wusste nicht, wovon ich meine Familie ernähren sollte. Alles, was ich spürte, war die absolute Stimmigkeit dieser Ausbildung. Und dann winkte mir das Glück. Eine Produktionsfirma von Pro7 rollte einen roten Teppich vor mir aus, über den meine Familie und ich zwei Jahre schreiten könnten, wenn ich diesen attraktiven und lukrativen Job annehmen würde. Meine Frau und ich hatten unsere Bedürfnisse drastisch reduziert, und es ging uns gut damit. Diana war ebenfalls begeisterte Yogini und wollte noch in Berlin eine längere Ausbildung zur Yogalehrerin beginnen. Dann war sie schwanger geworden und sattelte um auf Schwangerenyoga, eine relativ kurze Ausbildung, die sie mittlerweile absolviert hatte. Aber ernähren konnte meine hochschwangere Frau unsere Familie nicht. So sagte ich den Job zu. Geld und die weite Welt lockten. Diese Entscheidung rief meinen Little Guru auf den Plan. Bis dahin hatte ich noch gar nicht gewusst, dass er laut werden konnte.

»Was willst du wirklich?«

»Natürlich würde ich mich am liebsten voll auf die Yogalehrerausbildung konzentrieren«, antwortete ich. »Aber die schaffe ich auch mit dem Job. Und es ist wirklich ein cooler Job. Ich muss ja auch an meine Familie denken.«

»Und du glaubst, mit dem Job tust du etwas Gutes für deine Familie?«

»Woher soll das Geld denn kommen?«, entgegnete ich.

»Tu, was du liebst«, sagte mein Little Guru und hüllte sich dann in Schweigen. Und wenn ein Little Guru schweigt, dann findet das ja nicht unbedingt wortlos statt. Der kann sehr viel sagen und beredt schweigen, wie ich deutlich an den Gedanken hörte, die mir nun durch den Kopf gingen. Ich wollte unbedingt bei der Geburt unseres ersten gemeinsamen Kindes dabei sein und Diana unterstützen. Auch bei der Geburt meiner Tochter Sina war ich dabei gewesen. Aber ob das gelingen würde, wenn ich den Job annahm? Konnte ich von Diana verlangen, dass sie mit einem brotlosen Yogalehrer zusammenlebte? Sie würde sich bestimmt wohler fühlen, wenn unsere finanzielle Zukunft gesichert war!

Ich fragte sie.

»Hör auf dein Herz«, sagte Diana.

Am nächsten Tag ging ich persönlich zum Boss der Produktionsfirma, entschuldigte mich und zog meine Zusage zurück.

Er fragte mich nach den Gründen. Hatte die Konkurrenz mehr geboten?

»Der Job verträgt sich nicht mit meiner Yogalehrerausbildung«, erklärte ich. »Und außerdem möchte ich bei der Geburt meines Kindes dabei sein.«

Hohn und Spott prasselten auf mich nieder. Fröhlich und zuversichtlich fuhr ich nach Hause. In mein Leben. In dem nun nur noch Noah fehlte. Aber der kam und kam und kam nicht. Die Ärzte wollten ihn holen. Diana und ich sträubten uns. Die Ärzte sagten, das könnten sie nicht verantworten. Diana und ich konferierten mit unseren Little Gurus. Wir wären durchgebrannt, wenn man uns genötigt hätte, die Geburt einzuleiten. Mit vier Wochen Verspätung kam Noah auf die Welt. Und er war wunderbar und perfekt, und es war genau der richtige Zeitpunkt für ihn, und deshalb war es eine relativ leichte Geburt für Diana.

Ich glaube, wenn man in der Liebe lebt, erleichtert man sich das Leben. Ich habe den Eindruck, dass wir belohnt werden, wenn wir uns dem Weg der Liebe anvertrauen. Der Stimme des Herzens zu folgen, ist keine einmalige Entscheidung, sie wird Tag für Tag, Stunde um Stunde immer wieder neu getroffen. Das gilt für das Zusammenleben auf unserem Planeten und das in zwischenmenschlichen Beziehungen. Auch wer verheiratet ist, muss sich immer wieder entscheiden, immer wieder Ja sagen zu diesem anderen Menschen, Tag für Tag, Stunde um Stunde. Das ist bewusste Partnerschaft, und beim Yoga lernen wir, die Stellung zu halten oder sie freiwillig aufzulösen.

PARTNER-YOGA

Yoga ist in meinen Augen eine Basis für eine glückliche Partnerschaft. Auf der Yogamatte oder wo auch immer beim Üben tritt man in Beziehung zu sich selbst, zu seinem Körper, zum Little Guru – Liebe breitet sich aus und strahlt weiter, schwappt über den Mattenrand in den Alltag, in die Welt. Diana und ich sind Yoginis – wir verstehen uns ohne Worte. Und dennoch vergegenwärtigen wir uns immer wieder: *Ich bin freiwillig mit dir zusammen. Ich mag dich. Ich bin dir wohlgesinnt. Es ist schön, dass du da bist. Ich verbringe gern Zeit mir dir. Ich diskutiere gern mit dir. Und dabei darf es auch mal krachen. Wenn ich dich länger nicht sehe, fehlst du mir.* Ich glaube, dass in vielen Beziehungen im Laufe der Zeit Achtsamkeit und Respekt verloren gehen. Aber warum? Vielleicht sollte man auch hier den zuvor beschriebenen Anfängergeist erwecken und sich daran erinnern, was für ein kostbares Geschenk der andere Mensch zu Beginn war. Wie besonders er war und wie er leuchtete. Was ist daraus geworden? Wenn das Strahlen verblasst, liegt es nicht unbedingt am Gegenüber. Es könnte auch sein, dass wir kurzsichtig geworden sind und die Schönheit des anderen Menschen nicht mehr erkennen können. Vielleicht, weil wir gar nicht ihn sehen, sondern das, was wir glauben, das er sein soll. Und da tun sich manchmal Gräben auf. Kein Wunder, dass da nichts strahlen kann.

Yoga hat mir sehr dabei geholfen, auch Menschen, die ich seit Langem kenne, immer wieder neu zu entdecken. Mich nicht auf ihre angeblichen Fehler zu beziehen. Ich genieße jede Begegnung, denn

was gibt es Schöneres als wirkliche menschliche Begegnung? Und die ist doch gerade deshalb so einzigartig, weil sie einen überraschen kann. Wenn der andere nicht tut, was ich erwarte … das ist Lebendigkeit. Da bin ich aufgerufen, meine eigene Perspektive zu verlassen und mich in mein Gegenüber hineinzuversetzen. Ich beharre nicht auf meinem Standpunkt. Ich bin neugierig: Wie ist das für dich? Und das habe ich auch bei meiner schwangeren Frau versucht und kann berichten, dass ich so manche Achterbahn als Schwarzfahrer erlebt habe. So was Irres hätte ich für mich allein nicht erlebt.

Ich versuche oft, mich in andere Menschen hineinzuversetzen. Man kann das auch als Achtsamkeitsübung in sein Leben integrieren. Wenn ich achtsam bin, bin ich in der Liebe. Und so zeigt sich ein Verhalten, das auf den ersten Blick gegen mich gerichtet erscheint, in einem anderen Licht. Der andere Mensch hat seine Gründe. Ich finde es interessant, ihnen auf die Spur zu kommen. Was hat das mit mir zu tun? Nichts. Warum soll ich mich also aufregen? Ich atme und gehe weiter meinen Weg der Liebe. An einem Tag gelingt es leicht, am anderen hakt es, und gelegentlich brauche ich viel Atem. An solchen Tagen ist es besonders schön, wenn ich mir vergegenwärtige, was für ein großes Geschenk Diana für mich ist. Und deshalb fällt es mir manchmal schwer, mich in manche Beziehungen hineinzuversetzen, die die Liebe vor Augen haben und sie doch nicht erwecken können. Dabei ist es so einfach: Atme mit deinem Mann, mit deiner Frau. Er oder sie muss es nicht mal merken. Pass deinen Atemrhythmus seinem/ihrem an. Beim Essen, beim Schlafen, beim Fernsehen. Allein dies schenkt Frieden und lässt Liebe fließen. Probier es aus!

Wenn ich mit dem kleinen Noah auf dem Arm am See entlangspazierte, spürte ich mit jeder Faser meines Körpers, dass die Entscheidung, aufs Land zu ziehen, richtig gewesen war. Wobei Herrsching ja kein einsames Land ist, es ist ein großes Dorf am See. Es gibt unzählige Kraftorte im Fünfseenland, die ganze Gegend ist ein einziger Kraftort für mich.

Für mich ist die Natur ein Guru. Besonders Wasser berührt mich sehr. Und was für ein Geschenk, dass ich nun in einer Region lebte, die den wundervollen Namen Fünfseenland trägt! Eines Morgens stand ich mit Noah am Ammersee, und mein Little Guru gesellte

sich zu uns. Wahrscheinlich war der von Noah auch dabei. Wenn es nicht sogar so ist, dass ein Kind ein Little Guru *ist,* denn es ist nah an der Wahrhaftigkeit. Im Älterwerden erst entfernen wir uns von unserem Little Guru und müssen dann bewusst den Weg zurückgehen. Doch für Kinder ist das alles eins. Auf einmal hörte ich eine Stimme. Wer da jetzt was gesagt hat? Noah jedenfalls war es nicht. Er konnte nämlich noch nicht sprechen.

»Mach doch ein Yogastudio auf. So was gibt's hier am See noch nicht.«

Ich wunderte mich, dass mein Little Guru eine Standortrecherche durchgeführt hatte. Aber so ein Little Guru ist für jede Überraschung gut. Die nächste Diskussion mit Diana über ein altbekanntes Thema ließ nicht lange auf sich warten. Unsere Wohnung war viel zu klein für drei Personen, Arbeiten, Yoga praktizieren.

»Wir könnten ein Yogastudio eröffnen«, sagte ich.

»Und wovon bezahlen wir die Miete?«, fragte Diana.

Das wusste ich in diesem Moment auch nicht, aber in der folgenden Nacht träumte ich von dem Yogastudio. Ich sah den Raum gestochen scharf vor mir. Eine Woche später lernte ich den Raum in der Wirklichkeit kennen. Ein Makler zeigte ihn mir.

Diesmal fragte Diana nicht nach dem Geld. Sie war sofort einverstanden, dass ich ihn mietete. Schließlich hatte ich davon geträumt. Und wenn du so was mal erlebst, dass du für einen Traum einen

Mietvertrag unterschreiben kannst, dann wäre es doch Wahnsinn, das nicht zu tun?

Um den Traum zu finanzieren, gab ich in der Woche manchmal mehr als dreißig Yogastunden, nicht nur für Gruppen in unserem Studio, sondern auch Privatunterricht und in Fitnessstudios, Krankenhäusern, Suchtkliniken. Yogalehrerinnen und Yogalehrer aus der Gegend meldeten sich, unterrichteten ebenfalls bei uns – und so wuchs die Gemeinschaft. Bald mussten wir erkennen, dass unser Yogastudio zu klein war für den Andrang. Und auch wir selbst platzten aus allen Nähten, denn Diana war schwanger mit Samuel. Kurz nach seiner Geburt zogen wir um in ein deutlich größeres Yogastudio ein Stück näher am See.

Ich glaube, dass jedes Kind, das geboren wird, ein Geschenk mit auf die Welt bringt. Ja, ein Kind nimmt viel von deiner Kraft. Und es gibt dir viel Kraft zurück und bringt noch etwas mit. Ich empfinde das wie ein Update für mein Leben. Ob wir es annehmen und hochladen, das ist eine Frage unserer Achtsamkeit und unseres Bewusstseins. Und wenn ja, dann findest du dich plötzlich beim Kinder-Yoga.

KINDER-YOGA

Kinder-Yoga gibt es auch als Kurse – die Kleinen werden von einem Lehrer/einer Lehrerin unterwiesen, Stellungen einzunehmen, die sie sowieso schon können.

Ich habe auch mal Kinder-Yoga unterrichtet und wurde ziemlich schnell aus dem Konzept gebracht. Für die Kleinen hatte ich mir extra tolle Sachen ausgedacht. Doch nach zehn Minuten waren wir durch, sie waren zu schnell für mich und schauten mich erwartungsvoll an. Und jetzt? Ja, jetzt konnte mir nur noch das Jetzt helfen. Es wurde dann ganz lustig, und ich hörte auf, mich auf Kinder-Yoga-Unterricht vorzubereiten, sondern folgte den Impulsen der Kleinen. Es begeisterte mich, wie unmittelbar die Kinder mit Yoga umgingen. Frei von Druck, Stress, modischen Aspekten ihrer Klamotten und Konkurrenz. Sie waren im Jetzt wie meistens und mit Feuereifer, der den Anfängergeist bei Weitem übertraf, bei der Sache. Einmal kam nach einer Stunde ein etwa zehnjähriges Mädchen zu mir und ließ mich wissen. »Also weißt du, Percy, das war die schlechteste Yogastunde in meinem ganzen Leben.«

Da musste ich schon schlucken. So was hört man ja nicht gern, egal, von wem. »Ja«, sagte ich erst mal und fragte dann: »Magst du vielleicht nächste Woche die Yogastunde übernehmen, damit ich von dir lernen kann?«

»Klaro«, sagte sie locker und hüpfte von einem Bein aufs andere hinaus. In der nächsten Woche überließ ich den Unterricht also meiner kleinen Kollegin und staunte nicht schlecht, als sie dieselben Übungen wie ich in derselben Reihenfolge anleitete. Am Ende der Stunde bedankte ich mich bei ihr und sagte: »Das war eine lustige Yogastunde.« Aber dann konnte ich mir doch nicht verkneifen hinzufügen »Die war ja genauso wie meine von letzter Woche.«

»Gell, war super«, strahlte sie mich an.

Und wieder konnte ich nur »Ja« sagen. Und lernen. Wie wunderbar relativ alles ist, durch Kinderaugen gesehen! Meine kleine Kollegin hatte recht. Was letzte Woche vielleicht nicht so toll war, kann in dieser Woche durch eine neue Erfahrung schön geworden sein, ja, es muss sogar schön geworden sein, wenn wir im Jetzt sind. Weil es doch jetzt gerade schön war. Schön ist.

Zu Beginn des Kinder-Yoga machten wir immer eine Eröffnungs-
runde. Ich fragte die Kleinen, wie es ihnen gehe, und vielleicht nach
einem besonderen Erlebnis in der letzten Woche. Dabei fiel mir auf,
dass es für manche Kinder eine Riesensache war, dass sich jemand
wirklich für sie interessierte. Das
gab mir zu denken, und ich war
selbst nun sehr hellhörig und
achtsam, wenn mir meine Kinder
etwas erzählten. Viel zu schnell
sagt man als Elternteil »Ja, ja«, um
Aufmerksamkeit zu heucheln,
die eigentlich gar nicht vorhan-
den ist. Aber warum nicht? Ein
kleiner Mensch erzählt dir, was
ihn bewegt. Da sind zwei Wolken
am Himmel aufeinandergestoßen
wie Autos. Hey, Leute! Ist das
nicht eine hammermäßige Sto-
ry? Man wundert sich, dass das
nicht in den Nachrichten kam!
Ich will damit nicht sagen, dass
man Kindern rund um die Uhr
vollste Aufmerksamkeit widmen
sollte. Kinder müssen lernen, für
sich zu sein, und sie brauchen
Grenzen. Aber wenn ich zuhöre,

dann höre ich nicht nach dem Motto Jaja zu. Sondern dann bin ich
wirklich präsent. Ansonsten bitte ich sie: »Erzähl mir das später,
ich habe im Moment keinen freien Kopf.«

Vom Kinder-Yoga habe ich stark profitiert, und eines Tages merkte
ich, dass ich viel Spontaneität auch auf den Unterricht für Erwach-

sene übertragen konnte. Ich muss mich nicht an einem Konzept fest-halten. Ich reagiere spielerisch auf das, was kommt. Und meistens enden Yogastunden ganz anders, als ich sie mir vorgestellt habe. Je mehr ich auf das eingehe, was mir begegnet, desto lebendiger wird der Unterricht. Und dann fließen wir alle zusammen. Mit Ananda.

DAS INNERE KIND

Das Kinder-Yoga hat mir auch dabei geholfen, mich in mich selbst als Kind hineinzuversetzen. Wie war das eigentlich damals? Und von damals kam ich zum Heute, dem inneren Kind. Wie geht es dem? Was sind seine Themen? Gerade wenn wir uns mit unserem inneren Kind beschäftigen, stoßen wir oft auf Mangel. Zu wenig Liebe, zu wenig Anerkennung, zu wenig Selbstvertrauen, die alten Wunden und Bedürftigkeiten. Deshalb wollen manche Menschen mit ihrem inneren Kind auch nichts zu tun haben – was dem Little Guru überhaupt nicht gefällt. Er möchte heilen, deshalb führt er dich zu deinem verletzten inneren Kind. Im Grunde genommen braucht es nur eines: Liebe. Und auch wenn manche Verletzungen viele Jah-re, Jahrzehnte zurückliegen: Liebe ist zeitlos. Liebe heilt immer. Sie kann auch Verletzungen heilen, die sich in körperlichen Krankhei-ten manifestiert haben. Ob durch einen Wandel deiner Einstellung zu dieser Krankheit oder auch in der Heilung der Krankheit selbst. Im Yogaunterricht schaffe ich den Zugang zum inneren Kind über den Körper. Zum Beispiel rollen wir wie Käfer auf dem Rücken hin und her, die Hände umfassen die Fußgelenke, wir wälzen uns auf eine Seite und sollen jetzt ohne Schwung wieder zurückkommen. Da brandet schnell Gelächter auf und manche liegen hilflos da. Wie soll ich jemals wieder hochkommen? »Als Kind haben wir das alle geschafft«, sage ich. Und auf einmal gelingt es. Oder auch nicht. Aber der Kontakt zum inneren Kind ist hergestellt. »Schau mal deinen Fuß an, als würdest du ihn zum ersten Mal im Leben sehen«, sage ich. Und dann untersuchen wir unsere Zehen. Zehn Stück! Alle verschieden groß und dick! Und jeden kannst du bewegen. Aber klappt das auch einzeln? Nur mal den mittleren. Ja, wie heißt der überhaupt. Mittelzeh? Und der daneben? Ringzeh? Schon spiegelt sich in manchen Gesichtern ein längst vergangenes Kinderglück. War der Körper nicht einmal ein wundervoller Abenteuerspielplatz? Wie weit kann man die Finger nach hinten biegen und wie lang auf einem Bein stehen, die Luft anhalten, bist du kitzlig? Besonders Bäuche faszinieren Kinder, je dicker, desto besser.

Schau mal Papa, wie dick ich bin.

Ja, toll.

Schau, ich kann noch dicker!

Als Erwachsene ziehen wir die Bäuche ein und können deshalb nicht mehr tief atmen, schneiden uns selbst ab von der Lebenskraft. Viele Menschen, die sich zu dick fühlen, haben ein Problem damit, in den Bauch zu atmen. Manchmal machen sie den Eindruck, als hätten sie gar keinen Bauch. Oder es fehlen andere Körperteile, die sie nicht mögen, die zu dick oder was auch immer sein sollen und abgespalten werden. Beim Yoga sollen alle Körperteile mitmachen dürfen! Da wird keiner ausgeschlossen. Der Bauch und die Schenkel müssen mit!

Sei ein Kind! Wenigstens auf der Yogamatte! Streck den Bauch raus. Sei stolz darauf, wie rund er sich wölbt. Und fühl tief in ihn hinein, erfülle ihn mit deinem Atem und spüre: Was für ein schönes Gefühl. Bauchgefühl. Ich lebe.

DIE ÄUSSEREN KINDER

Wenn es mal hoch hergeht, hilft Yoga Diana und mir, in der Balance zu bleiben. Wir praktizieren jeden Morgen mit unseren Kindern Yoga. Meine mindestens drei Sonnengrüße sehen immer anders aus, weil es durchaus vorkommen kann, dass auf meinem Rücken ein bis drei Kinder Rutschbahn spielen. So verändert sich die Herausforderung im Sonnengruß. Dann machen alle oder einer oder zwei mit. Oder ich sage, dass sie mich jetzt in Ruhe lassen sollen, und finde sie später in einem Zimmer, wo sie selbst Yoga praktizieren, so vertieft, dass sie gar nicht merken, dass ich die Tür geöffnet habe. Aber wehe, sie entdecken mich. Von wegen Abschlussmeditation. Da geht es nicht mit Yogi-, sondern Indianergeheul drauf auf den Eindringling. Der ganz normale Wahnsinn eben.

Ich möchte gern immer liebevoll und respektvoll mit meinen Kinder umgehen. Ich möchte sie nicht anschreien. Das verlangt manchmal sehr viel Selbstkontrolle, und Yoga hilft mir dabei. Ich möchte meinen Kindern natürlich auch Grenzen setzen. Aber eben liebevoll. Auch hier hilft mir Yoga. Es ist für Diana und mich der allerbeste Erziehungsratgeber. Und wenn es mal nicht klappt, dann sind Kinder ja nicht nachtragend. Fünf Minuten später haben sie deine harschen Worte schon vergessen, vorausgesetzt, du selbst kannst das auch und bist wieder fröhlich und frei im Jetzt, anstatt in deinem schlechten Gewissen zu darben. So machen es die Kleinen. Sie drehen vollständig durch – und fünf Minuten später sind sie so lieb und sanft, dass man einen Werbespot für Rama-Glück mit ihnen drehen könnte. Dies ist ein Yogabuch. Ich spreche also nicht von der Margarine, sondern von einer hinduistischen Gottheit. Aber das musst du alles nicht so ernst nehmen. Fünf Minuten, ja oft nur fünf Sekunden später sieht die Welt schon wieder anders aus. Besonders mit Kindern. Warum nicht auch mal bei Erwachsenen? Die sind oft auch nicht nachtragend, wenn man ihnen selbst nicht ständig etwas nachträgt.

Wir haben unseren Kindern aus großen Yogamatten kleine geschnitten, und manchmal legen wir die im Kreis aus und sind eine Yogaklasse. Natürlich machen die Kinder den Sonnengruß nicht so korrekt, wie ich ihn vorhin beschrieben habe. Alles ist bei ihnen anders und oft wild. Aber ihre innere Einstellung ist meistens vorbildlich. Kinder fragen nicht nach, wo genau muss ich den Fuß hinstellen. Was bewirkt was? Macht es einen Unterschied, ob …? Sie tun einfach etwas, und es ist das Richtige. Sie müssen nicht fragen, sie wissen es von innen heraus. Sie sind mit ihrem Little Guru verbunden.

BRAHMACHARYA – LEBE ENTHALTSAM

In spirituellen Kreisen gehört die sexuelle Enthaltsamkeit zum guten Ton. Allerdings ist die körperliche Liebe auch eine Verschmelzung mit dem Göttlichen, und deshalb bilden die sexuelle Liebe und die Enthaltsamkeit keinen Gegensatz. Doch um in Liebe Liebe zu machen … dazu müssen manchmal viele Kleinigkeiten

im Alltag stimmen. So kann manche Liebe an einer Zahnpastatube scheitern.

Du hast die Zahnpastatube wieder nicht zugeschraubt!

Tja. Aus ist es mit der allumfassenden Liebe, die sich im Körperlichen ausdrückt. Der Ausdruck ist in die Tube gerutscht.

Jedes Wesen ist meiner Meinung nach in Vollkommenheit geboren,
und die Liebe befähigt uns, diese Vollkommenheit zu erkennen.
Wenn wir Makel und Mängel sehen, verletzen wir nicht nur den
anderen Menschen, sondern auch uns selbst. Und exakt so sollten
wir Enthaltsamkeit üben. Enthalte dich in der Herabsetzung anderer. Schule deinen Blick darin, Vollkommenheit zu erkennen.

Sehr viele Nörgeleien, mit denen wir anderen und uns selbst das
Leben vermiesen, könnten sich in Wohlgefallen auflösen, wenn wir
denken würden, bevor wir reden, und uns dann enthalten.

Wir können uns auch in Enthaltsamkeit üben, wenn wir etwas
Schönes gesagt bekommen. Ich liebe dich. Echt? Wieso echt? Nimm
an, was du hörst. Und wenn dir jemand ein Kompliment macht:
»Toll siehst du aus in dem Kleid!«, dann sag nicht, was es gekostet
hat und wo du es gekauft hast. Enthalte dich und nimm es an. Und
setze Grenzen. Angenommen, dein Vater liegt im Krankenhaus,
und du entscheidest dich dafür, nicht wie geplant in den Urlaub zu
fahren. Du enthältst dich sozusagen deines Urlaubs. Schön, wenn
es dir ohne Bedauern gelingt. Manchmal jedoch entscheiden sich
Menschen für etwas und jammern dann wochenlang. Weshalb? Sie
haben doch entschieden. Bewusst für die Enthaltsamkeit zu stimmen, stärkt dich. Halte dich also selbst in deiner Wahrhaftigkeit,
indem du dich enthältst. Oft *erhalten* wir uns gerade durch Enthaltsamkeit. Was auf den ersten Blick wie ein Verzicht erscheinen
mag, ist in Wirklichkeit eine Bereicherung.

Finde für dich heraus, wo du Enthaltsamkeit üben kannst. Gewohnheiten sind eine Fundgrube. Fernsehen, Essen, Shoppen. Jeder

hat so seine wunden Punkte. Zum Leben in der Enthaltsamkeit gehört es auch, deine Ansprüche herunterzuschrauben. Wenn ein Wochenende vorüber ist und du den Eindruck hast, es sei nichts passiert, dann kann das auch daran liegen, dass du eben nicht enthaltsam gelebt hast. Dass du zu viele Dinge abgehakt hast, die du eigentlich nicht tun wolltest.

Und wie sieht es mit deinen Ansprüchen an dich selbst aus? Deinem Wunsch, perfekt zu sein? Sei enthaltsam! Bürde dir nicht zu viel auf. Enthalte dich des Mainstreams und der Völlerei, enthalte dich des Stresses und zu vieler Termine und eines schnellen Lebenstempos. Enthalte dich des Multitaskings und halte deinen Liebsten, deine Liebste stattdessen mal ganz fest. Egal, wie die Zahnpastatube aussieht. Er oder sie ist vollkommen, so wie du selbst. Und so könnt ihr euch gemeinsam enthalten und die Liebe feiern.

DIGITAL-YOGA

Hin und wieder beginne ich meinen Yogaunterricht mit den Zehen. Ich sage: »Heb nur den kleinen und den großen Zeh von der Matte.« Ich finde das wichtig. Zehen werden in ihrem kleinen Leben am Fußende sträflich vernachlässigt. Heutzutage machen alle Leute nur noch Fingeryoga. Sie tippen. Und lassen ihre Hilfsgeräte mit Klingeltönen Mantras singen.

Wie viele Computer und Handys brauchst du? Brauchst du die wirklich? Was würde passieren, wenn du nur einen Computer, ein Handy hättest und wenn du die einen Tag in der Woche oder eine Stunde am Tag ruhen lassen würdest? Stichwort Enthaltsamkeit.

Wie verändert sich dein Leben, wenn du yogisch kommunizierst? Es ist ein Unterschied, ob du eine Mail, eine SMS oder einen Brief schreibst. Bei einem Brief wählen wir automatisch andere Worte.

Für einen Brief nehmen wir uns mehr Zeit. So schenken wir dem Empfänger unsere Wertschätzung. Eine SMS tippen wir zwischendurch, beim Halt an der Ampel, oft in einem Gespräch mit anderen, die wir dabei missachten wie den Empfänger. Ist das ein liebevoller Umgang? Willst du von anderen so behandelt werden? Ja, ja, so ist es nun mal. Aber das heißt nicht, dass du es so machen musst. Wie könntest du Yoga praktizieren beim Simsen und Mailen? Vielleicht atmest du einmal bewusst, bevor du tippst, und dann noch mal, bevor du die SMS oder die Mail abschickst. Wie viele Mails und SMS schreibst du am Tag? Wie viel Zeit kostet dich das? Wie viel Bewusstheit schenkt dir das – und heimliches Grinsen? Davon abgesehen … es könnte doch sein, dass dein Atmen beim Empfänger ankommt – als liebevoller unsichtbarer Hauch. Das ist genauso realistisch wie diese ganze Mailerei. Ich schreibe was, du liest es, fast in Echtzeit, auch wenn wir Tausende von Kilometern getrennt sind. Wir wissen so wenig, nicht nur über die technischen Zusammenhänge, die uns mit allem und allen verbinden. Erst recht über die universellen.

YOGA-PRAXIS: MEDITATION – DHYANA

Meditation bedeutet für jeden und jede etwas anderes. Der eine erfährt sie als Konzentrationsübung oder Impuls zur Selbstverwirklichung, die andere als spirituelle Praxis oder zur Beruhigung, als Weg zu einem allgemeinen Wohlbefinden. Meditation wird in unzähligen Variationen praktiziert, ob in der Stille und Ruhe oder aktiv-dynamisch. Es gibt viele verschiedene Techniken.

Konzentration ist eine Vorstufe zur Meditation, und Meditation ist eine der wichtigsten Etappen auf der Reise zu dir selbst. Dabei ist es, wie so oft, weniger von Bedeutung, wie lange du meditierst. Viel mehr kommt es darauf an, wie und mit welcher Intention und Motivation du dich in die Meditation begibst. Meiner Meinung nach besteht das Ziel nicht darin, sich in einen meditativen Zustand zu versetzen, sondern diesen Zustand zu *erfahren:* Lass alles, was du tust, zur Meditation werden.

Ein indisches Sprichwort sagt sinngemäß: Vor der Erleuchtung – Teller waschen. Nach der Erleuchtung – Teller waschen. Same, same, but different. Wenn wir dieselben Dinge in einem anderen Bewusstseinszustand erfahren, verändern sie sich, weil *wir* uns verändert haben. Teller waschen kann ein hochspirituelles Glückserlebnis sein. Alles kann Meditation sein – und vielleicht gibt es jetzt schon die eine oder andere Tätigkeit oder auch Entspannung, die du für dich als Meditation bezeichnest. Du musst zum Meditieren nicht im Schneidersitz auf einer Matte Platz nehmen! Du musst gar nichts. Meditieren kann im Grunde genommen jeder Mensch. Es gibt keine körperlichen Einschränkungen, und wenn kaputte Knie den Schneidersitz zum Schmerzsitz machen würden, dann setzt du dich eben anders hin. Es gibt allerdings psychisch sehr sensible Menschen, die auf Meditation stark reagieren. Depressive Verstimmungen können durch Meditation verstärkt werden. In solchen Fällen fragst du am besten deinen Yogalehrer, deine Yogalehrerin, was sie dir raten.

Setz dich in einen bequemen Sitz deiner Wahl, halte die Wirbelsäule aufrecht und atme ein paar Mal tief und ruhig in der vollen Yogi-Atmung.

Konzentriere dich in deinem Inneren auf den Punkt zwischen den Augenbrauen, und von dort aus verbinde dich mit dem Wesen, das dich unmittelbar das tiefe und schöne Gefühl der bedingungslosen Liebe erfahren lässt. Vielleicht ist es dein Little Guru, vielleicht auch nicht. Du fühlst dich wohl und geborgen. Verweile einige Atemzüge in dieser Verbindung und spüre die Liebe, die dich durchströmt, in jeder Zelle deines Körpers.

Und dann dehne diese Liebe über dich hinaus, es gibt keine Begrenzung. Du schwappst über voller Liebe. Beginne andere mit deiner Liebe zu segnen, alle Geschöpfe, die dir in den Sinn kommen, ob du sie persönlich kennst oder nicht. Deine Eltern, Kinder, Freundinnen, Kollegen, Nachbarn … vielleicht auch die Brezenverkäuferin in der Bäckerei – es ist immer wieder erstaunlich, wer sich da so alles meldet. Vielleicht sagst du dir im Geiste die Worte: Ich segne dich mit der heilenden Kraft der bedingungslosen Liebe.

Und geh noch einen Schritt weiter und dehne deinen Segen aus auf solche Menschen, mit denen du vielleicht gerade einen Konflikt hast. Atme. Segne. Fühle die bedingungslose Liebe, in der scheinbare Konflikte sich auflösen wie ein Rauchwölkchen in der Luft. Je mehr du gibst, umso mehr wirst du bekommen, um zu geben. Spare nicht mit deiner Liebe. Und vergiss dich selbst nicht. Erfahre die bedingungslose Liebe auch für dich. Und dann bedanke dich und verabschiede dich in dem Bewusstsein von deinem Little Guru oder wem auch immer, dass du diese Verbindung jederzeit wieder aufnehmen kannst. Egal, wo du bist. Du brauchst kein Netz, sie ist auch im Funkloch stabil. Meditation kennt keine Grenzen.

Verweile noch einige Augenblicke in deiner aufrechten Sitzposition und beobachte deinen Atem. Spüre deinen Körper. Und dann atme tief ein, spann deine Muskulatur in einer Welle von unten nach oben, bring die Hände in einem weiten Bogen über den Kopf, falte sie dort und zieh sie ausatmend vor die Brust: Namasté.

MANTRA

Lokah samastah sukhino bhavantu – *Mögen alle Wesen glücklich und zufrieden sein und Harmonie erfahren. Und mögen all meine Gedanken, Worte und Taten dazu beitragen.*

FREIHEIT IST KEIN ZIEL

sondern der Weg!

Es klingt wie ein Widerspruch, ist aber keiner: Wenn du enthaltsam lebst, wirst du Freiheit gewinnen. Und vielleicht auch mehr Freizeit, wobei Freizeit und Freiheit nicht dasselbe sind. In der Freizeit kann man ganz schön unfrei sein, wenn man sie mit Beschäftigungen verbringt, die einen nicht erfüllen. Auch ein Hobby kann zum Gefängnis werden. Überprüfe also ruhig einmal deine Freizeitaktivitäten in Bezug auf ihre Wahrhaftigkeit. Freiheit beginnt dort, wo du weißt, was du wirklich brauchst und willst. Dann entscheidest du über dein Leben und nicht die Werbung oder wer auch immer, der dir vorschreiben möchte, was zu einem guten Leben gehört und wie deine Freiheit aussieht. Denn dann weißt du, dass Dinge, so schön sie glänzen mögen, auch unfrei machen, weil sie sehr viel Aufmerksamkeit verlangen. Je mehr Dinge du hast – große und kleine, Autos, Wohnungen Schmuckstücke, Bücher, Kunstgegenstände – ja auch der Schnickschnack will abgestaubt werden –, desto

mehr Energie fordern sie. Gelingt es dir, dich ihnen in Achtsamkeit zu widmen – ich poliere die Gegenstände meines Setzkästchens mit Hingabe –, dann mag das für andere wirken wie eine Strafarbeit. Für dich selbst kann es eine Meditation sein. Aber wir sprechen hier von einem Setzkästchen – nicht von zehn oder hundert. Alles, was zu viel ist, lenkt ab vom Wesentlichen. Und die Freiheit findest du nur dort. Na ja, fast. Denn manchmal findet man die Freiheit angeblich in einer Zigarettenschachtel, dann wieder in Turnschuhen, Fertiggerichten, Tampons oder monströsen Breitbildfernsehern.

Wie staubt man die eigentlich ab? Darf man da mit einem Lappen ran? Oder beeinträchtigt der die Bildqualität? Das muss ich mal googeln. Und dann so ein antistatisches Tuch besorgen. Oje, ich hab einen Kratzer in meinen supertollen neuen Fernseher reingewischt. Ich bin total deprimiert. Immer wenn ich einen Film angucke, sehe ich bloß den Kratzer. Ach, man kann den Bildschirm gar nicht verkratzen? Das sagt mir jemand auf einer Party. Weil ich überall, wo ich bin, über den Kratzer spreche. Er ist mein zentrales Lebensthema im Moment. Vielleicht beruht der auf einem Materialfehler, und ich bin gar nicht schuld. Also muss ich den Händler zur Verantwortung ziehen. Der blockt ab? Dann zum Anwalt. Oh, wird teuer. Vielleicht eine Rechtsschutzversicherung? Welche? Muss ich recherchieren. Man könnte dieses Gefängnis noch lange fortschreiben. Ich feile lieber an der Freiheit, denn die Sonne scheint auch durch die Gitterstäbe. Für uns alle, ob mit oder ohne Kratzer auf der Mattscheibe Gut, dass wir keinen Fernseher haben.

FREIRAUM YOGA

»Gehen wir in die Freiheit«, sage ich zu meinen Yogis und Yoginis, nachdem wir gemeinsam die Sonne gegrüßt haben. Und manchmal gehen wir in die Freiheit, indem wir rituelle Abfolgen verändern. In jedem Yogastil gibt es bestimmte Übungsfolgen, und das ist gut so. Aber man kann sie zwischendurch auch mal über den Haufen werfen. Wenn du jetzt im Augenblick spürst, dass dein Körper nach etwas anderem verlangt als in der Abfolge deiner Yoga-Praxis an der Reihe wäre: Mach das. Reagiere auf Impulse. Es muss nicht nach jeder Vorbeuge eine Rückbeuge geübt werden. Es muss nicht auf jede Dehnung nach links eine nach rechts folgen. Ja, wir sorgen beim Yoga für Ausgleich, doch dein individueller Ausgleich mag manchmal etwas anderes verlangen als den geregelten Ablauf. Nimm dir die Freiheit, deine eigene innere Balance zu finden. Aber lass dich nicht verleiten, alles zu meiden, wozu du deine Komfortzone verlassen müsstest. Ich habe mal eine Weile als Fitnesstrainer in einem Studio gejobbt. Ich fragte die Leute: Welches Gerät magst du überhaupt nicht? Und genau das erklärte ich ihnen dann so, dass es ihnen Spaß machte. Du bist unfrei, wenn du etwas ausschließt, weil du es ablehnst – womöglich, ohne es zu kennen. Du bist frei, wenn du alles gleichermaßen wertschätzt und dann auf deine Impulse hörst. Welche Stellung beim Yoga meidest du lieber? Übe gerade sie – so lange, bis sie dir gefällt. Wenn du mit Achtsamkeit praktizierst, entdeckst du in jeder Stellung etwas für dich. Schenken dir deine Besitztümer Freiheit oder versklaven sie dich? Je mehr Besitz du hast, desto mehr musst du dich kümmern. Ihn putzen, pflegen, verwalten, dich um ihn sorgen. Die reichsten Leute haben am meisten Angst, denn man kann ihnen viel stehlen. Deine Freiheit kann dir niemand wegnehmen. Sie gehört nur dir, und du kannst sie mit anderen teilen und verschenken, indem du sie nicht festnagelst auf irgendetwas. *Du hast doch gestern gesagt ...*

Warum lässt du immer die Tür offen stehen?

Du weißt doch genau, dass der Sonntag ein Familientag ist, da trifft man keinen Freund auf der Durchreise.

Im Frühling müssen die Fenster geputzt werden.

Und wenn nicht?

Das Gefängnis, das wir uns selbst oft bauen, besteht aus vier Buchstaben: m-u-s-s. Was glaubst du, tun zu müssen? Wie tust du die Dinge, die du glaubst, tun zu müssen? Die du nicht aus freien Stücken tust. Putzen. Aufräumen. Rasen mähen. Steuer machen. Abnehmen. Sport treiben. Ein Fachbuch lesen. Oder gar: am Montagmorgen zur Arbeit gehen.

Alle Menschen in meinem Bekanntenkreis, die eine gute, fröhliche, glückliche Ausstrahlung haben, tun ihre Arbeit mindestens gern, wenn sie sie nicht sogar lieben. Sie empfinden ihre Arbeit nicht als Arbeit. Sie sind vielleicht sogar dankbar, mit so viel Freude bei der Sache sein zu dürfen.

Was du tun *musst,* macht dich unfrei. Was du tun *möchtest,* macht dich frei. Meistens braucht man keine Stelle zu kündigen, nur die Einstellung sollte sich ändern. Vom *Ich muss* zum *Ich möchte.* Probier das mal aus. Es ist einer der einfachsten Wege zur Freiheit. Such dir etwas aus, was du im Moment noch tun musst, leg es in die yogische Waschmaschine, programmiere Kopfstand bzw. Schleudern und sag dann laut deinen neuen Willen: *Ich möchte …* In unserer Einstellung liegt der Schlüssel zum Glück. Und sie ist ganz einfach zu ändern, wie schon das Wort Einstellung sagt. Du brauchst nur den passenden Schraubenschlüssel, dann drehst du an der richtigen Schraube, und dann justierst du nach. Dasselbe geschieht auf der Yogamatte, wenn du lange in einer Haltung verharrst, die dir eigentlich nicht gefällt. Doch plötzlich wird sie angenehm und mehr noch. Weil du spürst, dass sie dir eine neue Freiheit schenkt.

ATME DICH FREI

Trau dich! Glaub daran, dass Dinge, die du dir wünschst, möglich sind. Wie viel Freiheit gestehst du dir selbst zu? Wenn du dich liebst, bist du frei. Wenn du dich ablehnst, machst du dich unfrei. Angenommen, du findest deine Nase zu groß. Wann immer dich jemand anschaut, glaubst du, er oder sie denkt: *Meine Güte, hat die Frau eine große Nase.* Du versuchst, aus einem unvorteilhaften Blickwinkel zu rücken, indem du den Kopf nach schräg rechts neigst. Du glaubst, so sieht die Nase nicht gar so schlimm aus. Eine Begegnung mit deinem Gegenüber findet nicht statt, denn wenn hier jemand einem anderen begegnet, dann ist es deine Nase, und die wiederum soll ja am besten gar nicht da sein. Merkst du, dass du dich selbst einsperrst, beschränkst, beschneidest? Schenk dir die Freiheit! Befreie alle deine Körperteile von Vorurteilen und Gefängnissen. Öffne die Kerker, in denen deine angeblichen Problemzonen darben. Lass sie den Duft des Holunders riechen und beim Tanzen um die Hüften schwabbeln, lass sie auf ihren kräftigen krummen Beinen durch die Maisfelder laufen und schmier dir mit deinen Wurstfinger oder was du dir sonst einbildest ein Honigbrot. Lass sie frei! Wie viel Energie du damit freisetzt! Es kostet unendlich viel Kraft einzusperren, abzustoßen, zu verurteilen. Stell dir mal vor, du könntest diese Kraft in Liebe verwandeln! Und auch wenn du deinen Bauch zu dick findest: Atme mal. Spür. Ob der jetzt fünf Zentimeter dicker oder dünner ist, du fühlst doch in jedem Fall das Leben, das dich durchströmt! Das ist Freiheit! Betrachte die Sorgen, die dich manchmal quälen, deinen Kummer. Du wirst sehen, dass ein Großteil davon in dem Gefängnis wohnt, das du selbst aufschließen kannst. Du selbst kannst deinen Kummer befreien. Atme. Gib dir einen Nasenstüber, wann immer du ihn nötig hast. Und spür mal in dich hinein. Denn manchmal kriegen wir den Stupser auch von unserem Little Guru. Für deinen Little Guru bis du wunderschön und perfekt, genau so, wie du bist. Überflüssig zu betonen, dass ein Little Guru recht hat. Immer.

APARIGRAHA – SEI GENÜGSAM UND HORTE NICHTS

Sobald wir horten, verpassen wir nicht nur das Jetzt, wir machen uns auch unfrei, denn wir identifizieren uns mit Dingen. Wir planen in die Zukunft. Wir sichern den Besitz der Vergangenheit. Wir sind nicht im Fluss. Wer hortet, hofft, der Vergänglichkeit etwas entgegenzusetzen. Dabei liegt das Glück in der Hingabe an die Vergänglichkeit. Sie erst macht das Leben so unendlich kostbar.

Nicht nur Dinge werden gern gehortet, auch Menschen: Ich habe über tausend Freunde auf Facebook. Meine Kontakte sind mein Kapital. Man trifft Leute, die man im Grunde genommen nicht besonders mag, und redet mit ihnen über Dinge, die einen nicht interessieren, nur damit man dazugehört – wozu eigentlich? Und man merkt nicht, dass das Wesentliche weit entfernt oder ganz nah, nämlich in einem selbst, geschieht. Und dann beschwert man sich womöglich darüber, dass man so wenig Zeit hat und irgendwie nichts wirklich Wichtiges passiert.

Dabei passiert doch ständig etwas Wesentliches! Du bist am Leben! Neuerdings werden auch gern Erlebnisse gehortet, Events. Und natürlich Ausbildungen. Im alten Indien, der Wiege des Yoga, war ein Schüler meistens viele, viele Jahre bei seinem Lehrer. Bei uns geht der Trend heute eher zum Lehrer-Hopping. Je mehr Ausbildungen, desto besser, und das alles so schnell wie möglich. Horte keine Workshops, Ausbildungen oder Zertifikate, schau lieber auf deine beständige eigene Praxis.

Und frag dich vielleicht einmal. Wo stellt dir deine fehlende Genügsamkeit ein Bein? Du willst alles auf einmal und kannst nichts wertschätzen, weil es zu viel auf einmal ist.

Wie viel kannst du aufnehmen?

So viel in deine Hände passt.

Schau sie dir hin und wieder an, deine zu Schalen geformten Hände. Das sind deine Tragetaschen fürs Leben. Fülle sie mit guten Gedanken und Wünschen. Schöpfe aus deiner Liebe und schenke Freiheit. Formuliere für dich, was Freiheit bedeutet. Vielleicht so:

Frei von Sorgen und Ängsten – frei für das Jetzt.

Frei von Konditionierungen – frei für deine eigenen Erfahrungen.

Frei von Schmerz – frei für die Transformation.

Frei von Beziehungen – frei, um dich selbst zu lieben.

Frei von Abhängigkeiten – frei für den Mut, Ja zu sagen.

Frei von Materie – frei für das Wunder des Wesentlichen.

Frei von Verpflichtungen – frei, du selbst zu sein.

Frei von Vorurteilen – frei für andere Menschen.

Frei von Wünschen – frei für das, was ist. Jetzt.

DIE DUNKLE WOLKE ÜBER DEM WASSER

Es war im Sommer 2011. Ich fuhr mit dem Rad am Ufer des Ammersees entlang und war so erfüllt von der Schönheit der Natur, dass ich anhalten musste. Der weißblaue Himmel, die diamantene Sonne über dem tiefblauen See, an dessen Ende zum Greifen nah die

Alpen standen. Unendliche Dankbarkeit durchströmte mich. So wie das Bild vor meinen Augen sah es auch in meinem Inneren aus. Endlich hatten Diana und ich für unsere mittlerweile vierköpfige Familie plus Hund und Katz ein Haus gefunden. Mit Garten. Und das noch dazu am heiligen Berg Andechs. Von dort sieht man über den ganzen Ammersee.

Jedes Kind hatte ein eigenes Zimmer. Und es war auch noch eins frei, für unser nächstes Kind, das Diana unter ihrem Herzen trug. Unsere Nachbarn waren so sympathisch, dass wir uns gleich anfreundeten und ein gemeinsames Sommerfest planten. Wir waren angekommen. Ich konnte dieses große Glück kaum fassen, und vielleicht deshalb spürte ich auf einmal tief in mir einen kleinen Zweifel, wie eine dunkle Wolke. *Verlass dich nicht drauf, dass es so bleibt.* Ich wusste ja, dass ich mich im Leben auf nichts verlassen konnte, und dennoch: Ich hätte diesen Gedanken gern weggeschoben. Doch es gelang mir nicht so richtig. Und später, als das Unvorstellbare geschehen war, fiel mir jener Moment wieder ein. War er nicht eine Vorankündigung, eine Warnung gewesen? Oder eine Erinnerung, bewusst und achtsam zu bleiben? Um eben nicht nur die schönen Momente des Lebens zu erkennen, sondern auch die Täler anzunehmen und zu lernen, indem ich sie durchschritt und so gekräftigt weitermarschierte auf den nächsten Berg.

Voller Freude renovierten wir das Haus, alles ging uns leicht von der Hand. Auch Dianas dritte Schwangerschaft verlief kinderleicht im Vergleich zu den vorhergehenden. Und dann war es endlich so weit: Unsere erste Nacht in dem Haus stand bevor. Noah und Samuel waren begeistert, und mit unserer Freude über das neue Zuhause steckten wir uns alle immer wieder neu an.

Spät schliefen wir ein. Und als ich Diana an unserem ersten Morgen im neuen Haus aufstehen sah, ahnte ich, dass diese erste Nacht zugleich die letzte Nacht war, die wir zu viert in dem Haus verbracht hatten. Zudem war heute der errechnete Geburtstermin. Was ja eigentlich nichts sagt; nur vier Prozent aller Babys kommen zum errechneten Termin zur Welt. Ich freute mich, dass unser neues Kind in unserem neuen Haus zur Welt kommen würde, und brachte Noah und Samuel zu meinen Schwiegereltern. Diana nahm ein Bad. Als ich wieder bei ihr war, hatte sie die Hebamme bereits verständigt, doch die würde mindestens eine Stunde brauchen bis zu uns.

Dann ging alles ganz schnell und anders als erwartet. Diana hatte so starke Schmerzen wie bei keiner Geburt. »Das schaffen wir«, sagte ich zu ihr. »Auch ohne Hebamme.« Schließlich wussten wir, was uns bevorstand. Nein, wir wussten es nicht. Die Schmerzen waren so stark, dass Diana ohnmächtig wurde. Und als sie wieder aufwachte, sagte sie immer wieder: »Es ist anders. Es fühlt sich so anders an.«

Nach dreißig Minuten kam unser drittes Kind auf die Welt.

»Diana, es ist ein Mädchen!«.

»Was ist los?«, keuchte Diana mit Panik in der Stimme.

»Ein Mädchen!«, wiederholte ich. Ich war so froh, dass das Kind auf der Welt war, dass ich es nicht gleich merkte …

»Aber sie atmet nicht!«, schrie Diana.

Da bemerkte ich es auch. Das kleine Wesen regte sich nicht. Während ich es beatmete, rief Diana den Notarzt und die Hebamme an. Und auf einmal waren sie alle da. Die Hebamme, Feuerwehr, Polizei, Notarzt, auf der Wiese vor unserem Haus landete ein Hubschrauber mit dem Notarzt für Neugeborene. Mehr als ein Dutzend Menschen wuselten durch unser Haus, fünf, sechs standen um unser liebes neugeborenes Mädchen, Schläuche, Beatmung, Spritzen …

War das alles echt? Diana und ich waren im Schock. Irgendwann drang die Stimme meines Little Guru zu mir durch. Und dann wusste ich, was ich zu tun hatte. Ich sagte zu dem Arzt, der die Reanimation leitete, dass er aufhören solle.

Er nickte sofort, erleichtert. Ich vermutete, dass sie nur uns zuliebe so lange weitergemacht hatten, denn das Kind war tot geboren. Eine schreckliche Lähmung breitete sich über die Helfer aus. Keiner von ihnen kannte uns. Doch alle miteinander waren wir zutiefst verbunden in dem Schmerz um diesen kleinen Menschen, den wir nicht hatten retten können. Die Sanitäter packten ihre Utensilien ein und ließen uns allein. Draußen sprach die Hebamme mit der Polizei, die Diana und mich vernehmen wollte. Außerdem wollten die Beamten den kleinen Leichnam mitnehmen, so lautet die Vorschrift, da der Arzt eine unbekannte Todesursache festgestellt hatte. Diana, das Baby, das nie geatmet hatte, und ich, lagen auf dem Bett. Zara, wir hatten von Anfang an gefühlt, dass sie ein Mädchen werden würde, war tot. Diana befand sich in einem Zustand zwischen Leben und Tod. Lange lagen wir so beieinander. Auf einmal erhellte sich Zaras Gesicht. Ihr blasses Gesichtchen schimmerte rosa. Durch das Dachfenster fiel ein Sonnenstrahl auf sie.

»Diana, schau!«

Jetzt sah Zara aus wie ein gesunder Säugling, eingewickelt in das weiße Tuch, allein ihr Gesichtchen im Sonnenlicht schaute heraus. Ein guter Moment für den Abschied. Diana nickte, ich legte Zara an mein Herz und ging zu den wartenden Polizisten. Als ich den Raum verließ, begannen die Glocken vom heiligen Berg zu schlagen – so laut und klar, wie ich sie nie zuvor gehört hatte.

Und dann waren wir allein in unserem schönen neuen Haus, Unsere Tragödie sprach sich im Dorf herum wie ein Lauffeuer. Schließlich war ein Hubschrauber gelandet. Menschen standen auf der Straße. Das Telefon klingelte ohne Unterlass. Ich informierte Dianas Eltern, dann zogen wir den Stecker. Der Schmerz war übermächtig.

Irgendwann schlief Diana vor Erschöpfung ein. Die Hebamme, unsere gute Seele, hielt Wache an Dianas Bett. Der Schmerz zerriss mich. Ich wusste nicht mehr, wo oben oder unten ist, ich verlor die Orientierung über Raum und Zeit, es gab nur noch den Schmerz. Und den Little Guru. Erinnerte er mich an die Mala? Das *Maha Mrityunjaya*-Mantra hundertacht Mal zu rezitieren bei Geburt oder Tod? Ich tastete mich durch den Schmerz, der nicht leichter wurde, aber lichter, Perle für Perle. Und da merkte ich, dass ich Zara auf eine gewisse Weise nicht verloren hatte. Weil ich sie gar nicht verlieren konnte, auch wenn ihr Körper nicht mehr bei uns war. Sie war mein, sie war unser Kind. Wir sind miteinander verbunden. Mir fielen die Worte des Meisters meines Meisters Sri Yuktes, eines weisen Yogis ein, der gesagt hat: »Es ist erstaunlich für mich, dass wir uns immer freuen, wenn jemand geboren wird, und leiden und weinen, wenn jemand stirbt, wo doch das Leiden mit der Geburt beginnt und mit dem Tod ein Ende hat.«

In diesem Augenblick begriff ich, dass meine Yoga-Praxis all die Jahre zuvor eine Vorbereitung gewesen war für diese Prüfung des Todes in meinem, unserem Leben. Und ich spürte meine Tochter, die nie geatmet hatte, ihre Seele, ihren Wesenskern, wie auch immer man das nennen will. Ihre Stimme verschmolz mit der meines Little Guru. Sie schöpften beide aus derselben Quelle der unendlichen Liebe und Weisheit. Und sie erinnerten mich an meine atmenden Kinder.

Als ich zurück zu Diana ging, wusste ich, dass es nicht möglich war, uns von Zara zu trennen, auch wenn wir atmeten und sie nicht. War denn dieses Atmen nicht bloß eine vorübergehende Sache? Eines Tages werde auch ich nicht mehr atmen – und wer weiß schon, was dann ist. Zara wusste es. Und natürlich mein Little Guru. Und der machte mir weitere klare Ansagen. Dass ich mich jetzt vor allem um meine Familie kümmern sollte. Unser Haus weiter renovieren. Dass ich nicht in Trauer versinken sollte, sondern Yoga unterrichten. Und darüber sprechen, was mir, was uns widerfahren war. Dass der Tod eine Befreiung ist. Auch wenn wir es manchmal nicht verstehen. Wir können es fühlen, wenn wir uns darauf einlassen, wenn wir loslassen von unseren Ängsten.

Diana und ich erlebten in den folgenden Wochen eine sehr intensive Zeit, Diana vielleicht noch mehr als ich, denn nicht nur ihre Seele weinte. Ihr Körper hatte ja eine Schwangerschaft hinter sich. Sie hatte Zara neun Monate in ihrem Bauch getragen, sie hatte die Bewegungen des kleinen Wesens gespürt. Ihr Körper hatte eine Geburt vollbracht und war auf Stillen, Nähren eingestellt. Im Nachhinein konnten wir nun auch ihre extremen Schmerzen erklären. Zara hatte ja nicht mithelfen können.

Yoga gab uns die Kraft, nicht im Leid zu versinken. Ich selbst wuchs manchmal über mich hinaus, so viel Kraft hatte ich – auch für meine Familie. Diana und ich merkten gelegentlich, dass es Menschen gab, die nicht damit umgehen konnten, wie wir den Tod unseres Kindes verarbeiteten. Wir glauben an die unendliche Energie. Wir sind nicht nur Körper, wir sind endloses, grenzenloses Bewusstsein. Liebe vergeht nicht mit dem Tod. Wenn uns ein Windhauch streift: Es könnte Zara sein. Wenn uns die Sonne ins Gesicht scheint: Es könnte Zara sein. Es ist Zara. Sie ist in allem und allen, überall und allgegenwärtig. Wie der Little Guru.

Wir haben Zara nicht festgehalten. Wir haben sie innerlich ziehen lassen, frei gegeben. Liebe will frei sein. Und jeder Augenblick, den du mit deinen Liebsten erleben darfst, ist ein Geschenk. Auch daran hat uns Zara erinnert. Und mein Little Guru erinnert mich immer wieder daran.

Als Diana nach einer Weile erneut schwanger wurde, fuhr es uns beiden durch den Kopf: Jetzt kommt Zara doch noch. Wir ließen diesen Gedanken schnell los. Und ja, wir hatten beide Angst. Doch dann verlief alles wunderbar leicht wie bei Samuel und Noah. Raya, unsere erste gemeinsame atmende Tochter, kam im selben Haus wie Zara in der Obhut von zwei Hebammen zur Welt. Sie war eine Befreiung aus einer schweren, lehrreichen, wilden, schmerzhaften, verrückten, intensiven Zeit. Und diesmal war es uns auch wichtig, Noah und Samuel bei uns zu behalten. Ich werde niemals vergessen, wie Noah nach Rayas Geburt seine Arme weit öffnete und sein Schwesterchen an sich drückte.

Wenn wir gefragt werden, wie viele Kinder wir haben, sagen wir: vier. Zara gehört dazu. Oder fünf. Denn aus meiner Beziehung vor Diana stammt

meine Tochter Sina, die es toll findet, so viele Geschwister zu haben. Nicht nur väterlicherseits, mittlerweile hat sie auch weitere Geschwister mütterlicherseits. Und wenn ich heute manchmal am See bin und mir jener zerbrechliche Glücksmoment kurz vor Zaras Geburt in den Sinn kommt, dann überfällt mich keine Angst vor neuem Schmerz. Im Gegenteil: Dankbarkeit erfüllt mich. Dass ich das Schöne noch immer wahrnehmen kann. Ja, vielleicht ist es durch Zara noch ein bisschen schöner geworden. Der Tod eines geliebten Wesens offenbart die Vergänglichkeit in ihrer ganzen Macht, die Schönheit und den Schmerz des Lebens zugleich. Ich atme und weiß, dass Yoga keine Theorie ist. Yoga ist die Praxis, die uns in die Freiheit führt.

YOGA AUF DEM WASSER – SUP IST SUPER!

Mit Samuel begann 2010 eine neue Episode in dem wunderbaren Lebensbuch Yoga: *Namasté Paddleboard Yoga.*

Wir saßen mit unserem neuen Familienmitglied am Herrschinger Strandmarkt, tranken eine Orangina, und da sah ich es zum ersten Mal: Stand-up-Paddling. Diana und ich waren gleichermaßen begeistert. Kurz darauf war ich im Gespräch mit Carsten Kurmis. Er ist einer der Paddleboard-Pioniere und unter anderem auch einer der ersten Münchner Eisbachsurfer. Und dann stand ich mal zur Probe auf seinem Board. Wenn ich auf so einem Ding stehen kann, dachte ich, dann kann ich auch Yoga drauf machen.

Wie es der »Zufall« so wollte, vermietete das K68 in Herrsching, ein Laden, in dem Diana und ich Stammgäste sind, SUP-Boards. Wenig später stellte sich heraus, dass der Vertriebsleiter des Herstellers auch gern einen Kaffee im K68 trank und großzügig war. Und noch etwas später lieh seine Firma uns SUP-Boards für unsere Events. Im Studio war Sommerpause, alle waren draußen unterwegs und wir auch, auf dem Brett auf dem See bei der Yoga-Praxis. Es gab eine Menge Leute, die uns für verrückt hielten. Wir ließen uns davon nicht beeindrucken, sondern gingen, nein paddelten weiter auf unserem Weg. Mittlerweile ist Stand-up-Paddling zum Trendsport geworden. Spätestens seit 2014 gibt es an allen großen Seen Bretter zu leihen. Wo es Wasser gibt, wird auf Brettern stehend gepaddelt. 2013 berichteten die ersten deutschen Lifestyle- und

Yogazeitschriften vom SUP-Yoga – und auch hier ließ der Boom nicht lange auf sich warten.

SUP-Yoga ist heute Bestandteil aller in der Nähe eines Gewässers stattfindenden Yogafestivals. Das motivierte mich, zu der klassischen und ganzheitlichen Yogalehrerausbildung, die ich seit Jahren anbiete, auch die erste deutsche Aus- und Fortbildung zum SUP-Yoga-Instructor einzuführen. Für mich ist Yoga auf dem Wasser etwas ganz Besonderes. Überhaupt praktiziere ich Yoga ja am liebsten in der Natur, aber auf dem Wasser ist es noch mal intensiver. Die Sonne, die Wellen, die Vögel ... Das ist so herrlich, dass ich es manchmal kaum fassen kann und sehr bewusst atme. Hinzu kommt, dass Asanas, die im Studio auf festem Boden quasi zur Routine gehören, mit inspirierender neuer Achtsamkeit gefüllt und erfahren werden wollen. Manchmal klappt das dann eben nicht. Man geht baden. Auch eine Möglichkeit loszulassen!

VOM LASSEN ZUM ATMEN – VON LOS ZU AUS

Indem wir loslassen, schaffen wir Raum für Neues. Wir wissen es – und dennoch fällt es unendlich schwer. Aber so ist es nun mal. Loslassen ist die Voraussetzung für neue Erfahrungen. Je mehr du loslässt, desto mehr wirst du bekommen, um es wieder loslassen zu können.

Es gibt nichts im Leben, was wir so kontinuierlich üben wie das Loslassen. Und dennoch »beherrschen« wir es meist nicht. Am Ende beherrscht es uns. Nein, es erlöst uns ... mit unserem letzten Atemzug. All die Atemzüge davor seit unserer Geburt haben wir immer wieder ausgeatmet, losgelassen. Bis zum letzten Ausatmen, dem letzten Loslassen.

Indem wir bewusst atmen, bereiten wir uns vor. Ich atme aus. Ich lasse los. Ich schaffe Freiraum für Neues. Den nächsten Atemzug. Die nächste Erfahrung. Ich brauche keine Angst zu haben. Ich bin eingebettet in meinem Atem und durch meinen Atem mit allem und allen verbunden.

YOGA-PRAXIS: REZITATION – AJAPA JAPA

Japa (Sanskrit) bedeutet übersetzt rezitieren, murmeln oder auch flüstern. Man kann es laut, leise oder innerlich praktizieren. Meist nimmt man dazu eine Mala zur Hand. Die Mala ist eine dem Rosenkranz ähnliche Kette, die im Hinduismus und Buddhismus weit verbreitet ist. Sie besteht aus hundertacht gleich großen Perlen und einer meist etwas größeren »Guru«-Perle – auch Bindu-Perle genannt.

Bei der Praxis des Ajapa Japa, wie das stete Rezitieren von Mantras mit der Mala genannt wird, nimmt man die Kette in die rechte Hand und zieht dann mit dem rechten Daumen Perle für Perle über den Mittelfinger zu sich heran, während man ein der aktuellen Situation entsprechendes Mantra wiederholt. Du kannst Ajapa Japa auch ohne Mala praktizieren, indem du deine Fingerglieder als Perlen behandelst und abzählst. Gerade in Krisenzeiten, schwierigen Situationen, bei großen Herausforderungen kann Ajapa Japa uns helfen, denn das Rezitieren erdet uns und bringt uns in die konzentrierte Ruhe. Wann immer du nervös bist, ob vor einer Prüfung, einem ersten Date, dem Gespräch mit Chefin oder Chef, bei einem Streit, einem Auftritt, bei Geburt und Tod eines geliebten Menschen: Ajapa Japa schenkt dir Kraft.

Du musst nicht unbedingt ein klassisches Sanskrit-Mantra rezitieren, du kannst auch eine eigene Wortschöpfung kreieren. Als kleines Kind habe ich, wenn ich zum Arzt musste – was mir gar nicht gefiel –, immer wieder vor mich hin gesagt: *Gsund bin i wieda, gsund bin i wieda, gsund bin i wieda.* Das war auch ein Mantra. Und es gibt noch unzählige andere in meinem Leben, die nicht aus dem Sanskrit stammen, sondern oft aus dem Bayrischen.

Aber natürlich sind die Mantras im Yoga in Sanskrit, der Ursprache des indischen Kulturkreises, vergleichbar mit der Bedeutung von Latein für Europa. Es wird ja heute auch noch lateinisch gesunden – in der Kirche. Da Sanskrit eine Lautsprache ist, geht es hier mehr um den Klang. Du musst nicht unbedingt verstehen, was du singst. Es verstärkt die Wirkung, wenn man den Inhalt zumindest kennt, aber ein Mantra wirkt – und heilt – mehr durch seine Schwingung als durch seinen Inhalt. Zu beherzigen ist daher auf jeden Fall: singe oder rezitiere mit Hingabe. So als wärest du verliebt und hörtest den Song, bei dem du deinen Liebsten/deine Liebste kennengelernt hast. Und das in einer Situation, in der ihr euch drei Wochen nicht gesehen habt und schier vergeht vor Sehnsucht.

Der Vorteil des Sanskrit liegt auch darin, dass sich dein Geist weniger an der Bedeutung eines Wortes »aufhängen« kann. Du kannst dich ganz auf die heilende Energie konzentrieren und bietest deinem Verstand keine Hintertür.

Nimm eine aufrechte Sitzposition ein, in der deine Wirbelsäule gerade bleibt, ohne dass du dich anstrengst. Schließe deine Augen und richte deinen inneren Blick auf einen Punkt deiner Wahl. Atme ein paar Mal in tiefer voller Yogi-Atmung und fühle, wie du dich entspannst, ruhiger und ausgeglichener wirst. Entscheide dich für ein Mantra, ob aus dem Sanskrit oder Bayrischen, aus deiner eigenen Herzenssprache – wie du möchtest. Leg nun deine linke Hand in einer Fingerstellung deiner Wahl in den Schoß, nimm die Mala wie oben beschrieben in die rechte Hand oder zähle im Folgenden mit deiner Daumenkuppe die Fingerglieder ab. Rezitiere dein Mantra laut oder leise oder in Gedanken. Nach der alten Tradition rezitierst du es hundertacht Mal. Wenn dir das im Moment nicht möglich ist, drei, neun oder siebenundzwanzig Mal.

MANTRA

Das Mantra, das mir unter anderem auch nach Zaras Geburt
unendlich geholfen hat, lautet:
Om Tryambakam Yajamahe
Sugandhim Pustivardhanam
Urvarukam iva Bandhanan
Mrtyor Muksiya Mamritat

DER YAMA-CHECK: FÜNF FINGER FÜR EINE HANDVOLL GLÜCK

Das waren jetzt ziemlich viele Buchstaben für das glückliche Leben, das doch eigentlich ganz einfach ist: Atme und sei wahrhaftig, lebe in Frieden, stiehl nichts, bleib genügsam und enthaltsam.
Kennst du den Kinderspruch, bei dem nacheinander alle Finger gestreckt werden? »Das ist der Daumen. Und der (Zeigefinger) schüttelt die Pflaumen. Der (Mittelfinger) sammelt sie alle auf. Und

der (Ringfinger) trägt sie nach Haus. Und der kleine, der isst sie alle auf.«

Fünf Finger für ein kleines Glück. Fünf Finger für dein großes Glück.

Ahimsa – Sei friedlich.

Satya – Sei wahrhaftig.

Asteya – Stiehl nicht.

Brahmacharya – Lebe enthaltsam.

Aparigraha – Sei genügsam.

Seid gewaltlos, sagte der Daumen.
Bleibt wahrhaftig und ihr werdet staunen.
Hört auf zu stehlen,
und lebt enthaltsam, ihr reinen Seelen.
Und zum Schluss: Tipp vom Klein':
Weniger haben, lieber mehr sein!

Verlange nicht gleich zu viel von dir. Natürlich wird es mal passieren, dass die Pflaumen gar nicht erst beim kleinen Finger ankommen, weil der Mittelfinger sie sich schon alle einverleibt hat. So viel zu Asteya. Aber du bist auf einem guten Weg. Über dir scheint die Sonne, und sie scheint auch in dir, denn dein Little Guru begleitet dich. Immer.

Namasté!

YOGA-PRAXIS

yoga-sequenz

Der folgende Ablauf ist ein wunderbarer Start in den Tag. Mit dieser Sequenz kannst du dich mit deinem Little Guru verbinden. Die Abfolge kann aber auch abends oder wann immer du möchtest praktiziert werden.

1. Ankommen: Die volle Yogiatmung
2. Konzentration: Drishti
3. Die innere Basis: Mula Bandha
4. Sonnengruß – Surya Namaskar
5. Kopfstand – Shirshana
6. Meditation

1. ANKOMMEN:
DIE VOLLE YOGI-ATMUNG (vergl. S. 26f.)

1. Aufrechte Sitzposition.
2. Augen schließen.
3. Beobachte deinen Atem.
4. Atme fünfmal ausschließlich in den Bauchraum.
5. Atme fünfmal ausschließlich in den Brustkorb.
6. Atme fünfmal ausschließlich in die Lungenspitzen. Verbinde diese drei Atemräume zur vollständigen Yogiatmung in den Bauch, in den Brustkorb, in die Lungenspitzen und genieße die Fülle. Erweitere diese Atmung um die siegreiche Atmung, indem du
7. fünfmal sanft durch die geschlossene Stimmritze ausatmest.

2. KONZENTRATION:
DRISHTI (vergl. S. 56f.)

Finde nun deinen inneren Konzentrationspunkt:
1. Schließ deine Augen. Fixiere deinen inneren Konzentrationspunkt.
2. Verweile für fünf Atemzüge.

3. DIE INNERE BASIS:
MULA BANDHA (vergl. S. 141)

1. Aufrechte Sitzposition.
2. Einatmend: Spanne die Muskulatur um die Harnröhre an. Ausatmend lösen.
3. Einatmend: Spanne die Muskulatur um den After an. Ausatmend lösen.
4. Einatmend: Zieh das Schambein von vorne und das Steißbein von hinten zueinander. Die Sitzbeinhöcker bleiben weit geöffnet. Ausatmend: lösen

4. SONNENGRUSS –
SURYA NAMASKAR (vergl. S. 106 ff.)

Mindestens dreimal.

1. Gebetshaltung.

2. Segnung: Widme dein Yoga irgendwem, irgendetwas.

3. Gestreckter Berg: Einatmend bring deine gestreckten Arme über die Seiten weit über den Kopf.

4. Vorbeuge: Ausatmend beuge dich mit geradem Rücken so weit wie möglich nach vorne. Fingerspitzen auf eine Linie mit den Zehenspitzen, die Handflächen flach auf den Boden.

5. Sprinter: Einatmend bring den rechten Fuß so weit wie möglich nach hinten, das Knie berührt den Boden. Kopf angenehm in den Nacken, Blick zur Sonne.

6. Nach unten schauender Hund: Ausatmend setz den linken Fuß neben den rechten und bring dein Gesäß weit nach hinten oben. Blick zum Bauchnabel, Rücken gerade und Fersen zum Boden.

7. Planke: Einatmend Becken sinken lassen, bis Rücken, Beine und Nacken eine ganz gerade Linie bilden.

8. Achtfacher Niederwurf: ausatmend Knie, Brustkorb und Kinn zum Boden, die Hände unter den Schultern, die Ellbogen nahe am Körper.

9. Kobra: Einatmend strecke die Zehen, gleite mit Becken und Oberkörper nach vorne, heb Schultern, Kopf und Brustkorb an. Blicke zur Sonne.

10. Nach unten schauender Hund: Ausatmend die Zehen aufstellen, die Hüften zu den Fersen nach hinten und dann nach oben, die Beine strecken. Blicke zu deinem Bauchnabel, Rücken gerade und Fersen zum Boden.

11. Sprinter: Einatmend rechten Fuß zwischen deine Hände, Fingerspitzen und Zehenspitzen in einer Linie, das linke Knie berührt den Boden. Kopf angenehm in den Nacken, Schau zur Sonne.

12. Vorbeuge: Ausatmend den linken Fuß hüftbreit und parallel neben den rechten setzen, Hände flach auf den Boden, Fingerspitzen und Zehenspitzen eine Linie, Kopf locker.

13. Gestreckter Berg: einatmend gerader Rücken, Arme gestreckt über die Seiten weit über den Kopf, Handflächen zusammen.

14. Gebetshaltung Namasté: Ausatmend Handflächen vor dem Brustkorb, Daumen berühren das Brustbein, Unterarme parallel zum Boden, das Kinn sanft zum Brustbein neigen.

5. KOPFSTAND –
SHIRSHASANA (vergl. S. 153 f.)

1. Vom Vierfüßlerstand aus Unterarme als Dreieck auf den Boden, Finger verschränkt.

2. Scheitel auf den Boden, Hinterkopf in die geöffneten Handflächen.

3. Zehen aufstellen, ausatmend Beine strecken und Gesäß nach hinten oben.

4. Füße in Richtung Kopf, Gewicht gleichmäßig verteilen.

5. Einatmend Becken nach hinten und Füße abheben.

6. Ausatmend Knie zur Brust, Fersen zum Gesäß.

7. Einatmend Beine strecken.

8. Stellung langsam und gleichmäßig umgekehrt wieder auflösen.

ALTERNATIVE BEI NACKENBESCHWERDEN:

1. Vom Vierfüßlerstand aus Unterarme als Dreieck auf den Boden, Handflächen auf den Boden, mit Daumen und Zeigefinger ein Dreieck bilden.

2. Zehen aufstellen, ausatmend Beine strecken und Gesäß nach hinten oben, Kopf hängt locker.

3. Füße in Richtung Kopf, Gewicht gleichmäßig verteilen.

4. Stellung langsam und gleichmäßig umgekehrt wieder auflösen.

6. MEDITATION–
DHYANA (vergl. S. 184)

1. Aufrechte Sitzposition.

2. Drishti.

3. Fünfmal atmen mit verschlossener Stimmritze.

4. Verbinde dich mit der bedingungslosen Liebe.

5. Dehne diese Liebe grenzenlos aus.

6. Bedanke dich.

7. Spür nach. Spür dich. Spür deinen Atem. Das Jetzt.

8. Verneige dich: Namasté.

LESETIPPS

zur Inspiration

B.K.S. Iyengar: *Licht auf Yoga.* Nikol, Hamburg 2013

Byrne, Rhonda: *The Secret.* Arkana, München 2007

Coehlo, Paulo: *Handbuch des Kriegers des Lichts.* Diogenes, Zürich 2006

Gandhi, Mahatma (Hrsg.: Richard Attenborough): *Ausgewählte Texte.* Goldmann, München 1983

Millman, Dan: *Die Lebenszahl als Lebensweg.* Ansata, München 2005

Paramahansa Yogananda: *Der Yoga der Bhagavad Gita.* Self-realisation fellowship, Frankfurt 2008

Ders: *Autobiografie eines Yogi.* Self-realisation fellowship, Frankfurt 1998

Redfield, James: *Die Prophezeiungen von Celestine.* Ullstein, Berlin 2004

Roach, Geshe Michael: *Damit Yoga wirkt.* Edition Blumenau, Hamburg 2012

Seul, Shirley: *Das Leben ist keine To-do-Liste.* Kailash, München
2015

Sri Yukteswar: *Heilige Wissenschaft.* Self-realisation fellowship,
Frankfurt 2000

Swami Vivekananda: *Raja Yoga.* Phänomen Verlag, Sencelles/
Spanien 2007

Walsch, Neale Donald: *Ich bin das Licht.* Edition Sternenprinz,
Hanns Nietsch Verlag, Freiburg 1999

Ders.: *Gespräche mit Gott.* Arkana, München 2009

REGISTER

Die essbare Stadt

272 Seiten. ISBN 978-3-424-63120-3

Kräuter und Wildgemüse ernten in der Stadt? Kein
Problem! Im Stadtpark wachsen wilde Vitaminbom-
ben, zwischen Pflastersteinen Heilkräuter und im
Hinterhof Beeren und Baumfrüchte! Ursula Stratmann
führt uns mit »wilden« Geschichten, Rezepten für
Smoothies, Suppen und Salate und einem Ausflug in
die »essbare Stadt« Andernach durch die »grüne City«.
Mit Stadtkräuter-Apotheke und vielen Tipps zum
Kräutersammeln im urbanen Umfeld.

kailash

Überall, wo es Bücher gibt, und unter www.kailash-verlag.de